AF549962

Avalon
Die Priesterin in dir erwacht

Ein Schulungsweg

Ava Minatti

Avalon

Die Priesterin in dir erwacht

Ein Schulungsweg

Smaragd Verlag

Haftung

Die Informationen dieses Buches sind nach bestem Wissen und Gewissen dargestellt. Sie ersetzen nicht die Betreuung durch einen Arzt, Heilpraktiker oder Psychotherapeuten, wenn Verdacht auf eine ernsthafte Gesundheitsstörung besteht. Weder Autorin noch Verlag übernehmen eine Haftung für Schäden irgendwelcher Art, die direkt oder indirekt aus der Anwendung des Inhalts dieses Buches entstehen könnten.

Nachdruck: Dezember 2024
Neuauflage: 2023
Veröffentlicht im Smaragd Verlag, Alle, JU/ CH,
eine Marke der Sentovision GmbH/ S.A.R.L.
www.smaragd-verlag.de

Vertrieb:
Synergia Auslieferung GmbH
Industriestr. 20
64380 Roßdorf
www.synergia-auslieferung.de

Alle Rechte vorbehalten
Copyright 2023 by Synergia Verlag

Autorinnenfoto: Verena Sparer, www.dieverenas.com
Coverbild: pixabay.com
Umschlaggestaltung: FontFront.com, Pauline Trumpfheller

Printed in EU
ISBN 978-3-95531-190-2

Bibliografische Information der Deutschen Bibliothek
Die Deutsche Bibliothek verzeichnet diese Publikation in der deutschen Nationalbibliographie; detaillierte bibliografische Daten sind im Internet unter http://dnb.ddb.de abrufbar.

Inhalt

Zu diesem Buch

Während ich an diesem Buch schreibe, ist Hochsommer. An vielen Orten stöhnen die Menschen über die diesjährige Hitze. Bei uns in Sistrans ist es zwar auch immer wieder heiß, doch es gibt mehr oder weniger regelmäßig wohltuende Regenschauer. Dann ist der Himmel bewölkt, und zum Teil hängen dichte Nebelfelder über den Wiesen. Wenn ich beim Fenster hinaussehe oder spazieren gehe, erinnert es mich an Avalon.

Eindeutig – es ruft! ☺

Nach wie vor zieht es unzählige Menschen zum Thema „Avalon". Was ist es, das unser Herz dabei so zum Schwingen bringt? Den Antworten darauf möchten wir näher auf den Grund gehen. Deshalb lädt dich die Geistige Welt ein, mit uns auf die Reise zu gehen.

2009 erschien bereits ein Avalon-Buch im Smaragd Verlag, mit dem Titel „Avalon und der Artusweg". Auch wenn es im Moment nur als E-Book erhältlich ist, stellt es eine wunderbare Ergänzung und eine gute Basis zu diesen Ausführungen dar. Es beschreibt (über und durch viele Meditationen ☺) beispielsweise die Integration deines Elfenselbst, die Besonderheiten von Avebury, Stonehenge, Glastonbury, Chalice Well und Tintagel. Weiterhin enthält es Botschaften von Viviane, Morgana, Merlin, Artus und den Lichtgeschwistern von Arkturus, Sirius und den OG MIN, die unter anderem über den Heiligen Gral, die Ahnen- und Ahninnenreihen, die Bedeutung von Avalon für die heutige Zeit und die Drachenreiter sprechen.

In diesem Buch beschäftigen wir uns primär mit den Priesterinnen vom See und damit, was es für uns im Hier und Jetzt bedeutet, Priesterin zu sein. Warum benötigen wir diese priesterliche Kraft in der heutigen Zeit? Wie können wir unsere Seepriesterin wieder erwecken und unser Priesterinnensein mit unserem Alltag verbinden? Auch auf die Findung dieser Antworten werden wir uns begeben. Wenn die Priesterin in uns erwacht, spüren wir, dass das Herz dieses Weges, die urweibliche Kraft, die Große Mutter ist, wodurch sich unser Kontakt zu und unsere Kommunikation mit ihr vertieft.

Das Betonen der weiblichen Aspekte über die Sprache ist bewusst gewählt. Das heißt, wir sprechen im Text beispielsweise nur die „Priesterinnen" an, ohne zu gendern, wodurch wir auch die „Priester" mit einbeziehen. Das tun wir deshalb, weil Avalon eine Ausbildungsstätte für Priesterinnen war/ist und dabei die Ehrung der urweiblichen Energien im Vordergrund stand/steht. Das männliche Pendant dazu sind die Druiden der damaligen Zeit. Ihnen werden wir uns in einem gänzlich anderen Kontext, über ein eigenes Projekt, zuwenden, sodass die göttlich-männliche Präsenz sehr wohl ihre Würdigung erhält und erhalten wird, auch wenn sie hier nicht explizit erwähnt oder hervorgehoben wird.

Deshalb bitte ich die Leser dieses Buches, falls es ihnen wichtig sein sollte, die entsprechenden Worte für sich selbst durch die männliche Form und Ansprache zu ergänzen. Es könnte vielleicht an den Stellen passend sein, wo es zum Beispiel um Aufgaben der Priesterinnen oder um Beschreibungen von Qualitäten einer Priesterin geht, die es auf dem Weg zu erfüllen oder zu entwickeln gilt. Denn vieles davon entspricht einem roten Faden, der sich durch alle Mysterienschulen zieht und dadurch sowohl Priesterinnen als auch Priester betraf und betrifft. Zusätzlich könnte sich auch ein Leser von diesem Werk angesprochen fühlen und es so, in der weiblichen Form geschrieben, lesen, weil er darüber seine rezeptive Seite, die Göttinnenkraft in ihm, nährt und zum Schwingen bringt, die natürlich auch eine Priesterin oder einen Priesterinnenaspekt in sich trägt und tragen kann. Oder es darf einfach sein Verständnis für die weibliche Energie ganz allgemein fördern und möglicherweise für die „Priesterin an seiner Seite", mit der er sein Leben teilt und teilen möchte ☺.

In meiner Arbeit, und dadurch auch in meinen Büchern, ist es mir wichtig, dass die Menschen selbst wahrnehmen, was ihnen guttut, für sie stimmig ist und womit sie weiterarbeiten möchten. Deshalb bist du immer wieder eingeladen, nachzuspüren, hineinzuspüren, dich auf die Bilder einzulassen und deine eigenen darüber zu finden und zu entdecken. Die Botschaften, Meditationen und Anregungen dienen genau dazu, um diese, deine eigenen Erfahrungen machen zu können. Denn wie schon im letzten Buch, „Maria Magdalenas Erbe", das jetzt nicht primär etwas mit unserer avalonischen Reise zu tun hat, eingangs erwähnt, geht es auch hier um einen Erfahrungs- und nicht um einen Wissensweg. Denn das ist unser weiblicher Zugang zu den Themen, die uns interessieren. So werden unsere Erfahrungswege zu intuitiven Fühl- und Empfindungswegen, zu ganzheitlichen Wegen, wo alle unsere Körper und Sinne immer wieder mit einbezogen werden.

Für dich bedeutet dieses erneut, dass du die Möglichkeit hast, die Meditationen während des Lesens gleich mitzumachen, indem du zwischendurch innehältst, die Augen schließt, tief ein- und ausatmest und die Energien in dir mitfließen und sich entfalten lassen kannst. Auf diese Weise nimmst du sie in dir selbst auf, um sie dann in Ruhe anzuhören. Du kannst sie dir von jemandem vorsprechen und dich so anleiten lassen, oder du darfst sie, nachdem du sie gelesen hast, auf deine eigene Art und Weise gestalten.

Über allem liegt der Segen von Morgana, die dich durch jedes einzelne Kapitel und durch alles, was darüber hinaus für dich entsteht und entstehen möchte, führt und begleitet. Auch wenn sie sich in vielen Kapiteln nicht direkt zu Wort meldet, fließt ihre Energie mit ein, um dein Herz und deinen blauen Halbmond auf deiner Stirn, das Zeichen der Priesterinnen vom See, sanft zum Pulsieren zu bringen, um deine Bewusstseinsentwicklung zu fördern, was bedeutet „ dein bewusstes Sein zu entwickeln, zu unterstützen".

Dieses Buch ist ein Arbeitsbuch. Es möchte Anregungen geben, mit denen du weiterarbeiten kannst. Sie dienen dir, um deinen Weg zurück nach und deinen Platz in Avalon zu finden und deine Priesterinnenkraft immer besser zu verstehen und zu verkörpern, zu deinem Wohl, dem von Avalon und dem Großen Ganzen. Deshalb tauchen wir nun gemeinsam tiefer in das Schwingungsfeld der Priesterinnen vom See ein.

Bereit für unsere Reise? Dann brechen wir jetzt nach Avalon auf und lassen es in und über uns, im Hier und Jetzt, lebendig werden und sein.

Mögen dich die Liebe der Großen Mutter und das Licht von Avalon allezeit segnen!

(Skizze: Jona Minatti)

Avalon

Avalon bringt uns in das Herz von England, nach Glastonbury in Somerset. Früher war diese Region viel von Wasser umgeben, weshalb Avalon als Insel bezeichnet wird.

Hier wurden die Priesterinnen vom See ausgebildet, und hier lebten sie. Es sei denn, sie wurden aufgrund der Aufgaben, die sie zu erfüllen hatten, ausgesandt, um woanders zu wirken. (So, wie du jetzt vielleicht – und genau an dem Ort lebst, wo du bist, und dich mit den Lebensbereichen und -feldern beschäftigst, die zu dir und deinem Alltag gehörten!)

Das Mutterzentrum von Avalon bildet nach wie vor der Hügel in Glastonbury, wo der alte Prozessionsweg hoch zum Tor führt. Es ist ein Kraftplatz, mit dem wir verbunden sind, wann immer wir uns auf die Energien von Avalon einlassen, unabhängig davon, wo wir uns dabei gerade physisch befinden. Es ist das Zuhause aller Priesterinnen vom See. Es schwingt in ihren Herzen, wobei es nicht wichtig ist, ob sie in diesem Leben jemals dorthin gereist sind oder hinkommen werden. Es ist deine Heimat! Dort sind deine Wurzeln!

Nachdem ich im Buch „Avalon und der Artusweg" schon viel Einführendes über diese Insel geschrieben habe, was nach wie vor so ist ☺, möchte ich hier einen Großteil des Kapitels „Avalon" übernehmen:

„Avalon lag und liegt in und um Glastonbury in Somerset, Es wird auch als das englische Jerusalem oder als Glasinsel bezeichnet. Auf dem heiligen Hügel der Insel, der der Tor genannt wird, steht heute ein Glockenturm der später erbauten Saint Michaels Kapelle. Man kann ihn bereits von weitem sehen.

...Tor ist ein Wort keltischen Ursprungs, was Berg, Erde und konischer Hügel bedeutet.

...Avalon lag eingebettet in eine nebelige Sumpflandschaft. Nur Kundige konnten deshalb den richtigen Weg nach Avalon finden. Da in Avalon sehr viele Apfelbäume wuchsen, wurde es auch die Apfelinsel genannt. Manche sagen, dass es der Zugang in die Feenwelt war, beziehungsweise, dass Avalon selbst zur Feenwelt gehörte. Auf jeden Fall wirkten die Priesterinnen vom See, die dort ausgebildet wurden und lebten, eng mit dem Naturreich zusammen.

Die Insel war ein mystischer Ort, um den sich viele Legenden ranken. Das ist bis zum heutigen Tag so geblieben. In Avalon wurde die Große Göttin verehrt, und dort wurden ihre Rituale gefeiert. Die Priesterinnen wurden geschult, ihre Hellsicht und heilenden Fähigkeiten zu entwickeln. Die Priesterinnen waren beispielsweise Seherinnen, Heilerinnen, Hebammen und Lehrerinnen. Viele blieben auf der Insel, einige andere hatten die Aufgabe, in ihre Familien zurückzukehren, um beispielsweise einflussreiche Männer zu heiraten. So sollte die Energie der Großen Göttin auch in politische Geschehnisse mit einbezogen werden...

Ursprünglich bestand ein respektvoller Austausch und eine sich ergänzende Zusammenarbeit zwischen den Priesterinnen und den Druiden.

...Es gibt mittlerweile auch einen zweiten, weniger anstrengenden Weg (neben dem alten Prozessionsweg) auf den Hügel. Dieser war zu einem späteren Zeitpunkt von christlichen Mönchen erbaut worden. Die Begegnung zwischen dem alten keltischen, weiblichen und dem neuen christlichen, männlichen Weg ist in Glastonbury immer wieder sichtbar und sehr präsent. Es wird erzählt, dass es im Inneren des Hügels Gänge und Kam-

mern geben soll. Dort würden heilige Insignien aufbewahrt, wie möglicherweise das magische Schwert Excalibur oder der Kessel der Cerridwen, einer keltischen Göttin des Werdens und des Vergehens. Es wird gemunkelt, dass es dieser Kessel ist, der später als Heiliger Gral bezeichnet wurde.

Einst stand auf dem Tor ein Steinkreis, in dem Rituale gefeiert wurden. Es war und ist ein Kraftort. Denn auch hier treffen sich die beiden Leylines von Michael und Maria. Da Avalon eine sehr weibliche Grundschwingung ausstrahlt, findet hier die Kommunikation mit Drachenenergien, der Großen Göttin, Gaia und der Kundalinikraft der Erde leicht statt.

Als Josef von Arimathäa gemeinsam mit seinem (Groß)Neffen Jesus nach Avalon kam, erhielt er von den Druiden Land. Dort gründete er ein „Kloster". Damals war es noch eine alte Kirche aus Lehm und Flechtwerk. Heute sind hier die Ruinen der Abbey zu bewundern.

...Der Geschichte nach soll Josef von Arimathäa den Heiligen Gral mitgebracht und in Avalon vergraben haben...

Die Michaelskapelle, die früher auf dem Tor stand, von der jetzt nur noch der Glockenturm erhalten ist, gehörte auch zur Abtei. Der neue Weg versuchte, den alten mehr und mehr zu verdrängen und errichtete deshalb auf den Kraftplätzen der Großen Göttin eigene Bauwerke. So wurde auf dem Hügel diese Kirche anstatt des Steinkreises gebaut und der alte Glaube verdrängt. Da dieser Weg die Verbindung zu Muttergott und zur Erde darstellt, kam es durch seine Ablehnung zu einer Entwurzelung aller Menschen. Die weibliche, intuitive Seite wurde der mental, männlichen, analytischen Vorgehensweise untergeordnet. Durch diese eigene, innere Abspaltung konnte sich eine Form der (Selbst)Zerstörung ausbreiten, die uns auch heute noch betrifft. Wir denken oft zu viel und fühlen uns zu wenig...

Betrachten wir beispielsweise einige Entwicklungen in unseren Schulen, aber auch im weltpolitischen Geschehen, erkennen wir, wie aktuell die Geschichte Avalons und ihre Auswirkungen nach wie vor sind. Wenn wir den alten und den neuen Weg wieder miteinander in Harmonie bringen, was auch Teil dieses Buches ist, erschaffen wir in uns ein Gleichgewicht. Das strahlen wir aus und tragen es so in die Welt, damit auch hier der Friede wieder sichtbar werden kann..."

Bei unserem derzeitigen kollektiven, tieferen Eintauchen in den Schwingungsraum der Fünften Dimension spielt das Wiedererwachen der weiblichen Kraft eine zentrale Rolle. Deshalb ist Avalon auch so aktiv und ruft seine ganzen Priesterinnen auf, sich an ihre urweibliche Kraft zu erinnern und sie wieder lebendig sein und strahlen zu lassen. Durch das Wirken mit den avalonischen Energien tun wir das Schritt für Schritt, sodass die Priesterin in dir, wenn du das möchtest, wieder aufersteht, um ihre Aufgabe zu erfüllen, sich für die Manifestation eines friedlichen und harmonischen Miteinanders aller Wesen in diesem Universum einzusetzen.

Die Wandlung, die wir heute auf der Erde benötigen, ist weiblich. Die Mutterenergie gebiert den Frieden, nach dem wir uns sehnen, und er breitet sich darüber auf der Welt aus. Das ist einer der Gründe, warum die Entwicklung deiner inneren Priesterin so wichtig ist. Damit wir gemeinsam erkunden können, was das genauer und konkreter bedeutet, welche Themen und Lebensbereiche davon berührt sind, erwarten uns bereits die Priesterinnen vom See.

Mögen dich die Schönheit der Großen Mutter und das Licht von Avalon allezeit segnen!

Die Priesterinnen vom See

Die Priesterinnen vom See sind eine Gemeinschaft, ein Kreis von Frauen, der immer war, ist und sein wird, solange sich diese Erde dreht. Es ist eine Familie. Es ist deine Familie, wenn du es möchtest.

Zuerst erinnere dich an die Heiligkeit des Kreises, als Ausdruck der Großen Mutter. Wir alle sind aus dem Kreis geboren und kehren immer wieder in ihn zurück. Er ist der Schoß der Shekaina. Der Kreis ist die Mutter aller platonischen Körper und heiligen geometrischen Formen und Muster, aus denen das Universum aufgebaut ist und aus denen wir bestehen.

Ein Kreis, und somit die Priesterinnen vom See, repräsentiert und steht für das ewige Leben. Auch wenn sich etwas ändert, selbst wenn wir unseren physischen Körper ablegen, entsteht etwas Neues. Das Leben hat kein Ende, nur die Form wandelt sich. Innerhalb eines Kreises hat jeder/jede seinen/ihren Platz, entsprechend seiner/ihrer Befähigungen und Aufgaben. Im Kreis wird jeder/jede gewürdigt.

Du hast deinen Platz im Kreis der Priesterinnen vom See. Auch die Hohepriesterinnen sind ein Teil davon, wodurch die Gleichwertigkeit aller unterstrichen wird. Wir sind alle Schwestern. Die Priesterinnen vom See ehren also den Kreis, der grundsätzlich sowohl für die Sonne als auch für den Mond, wie bei der Schwesternschaft von Avalon, stehen kann.

Wir brauchen Gemeinschaften. Wir brauchen Kreise, um uns wohlzufühlen und wachsen zu können. Deshalb bitten wir dich, dir bewusst zu werden, in welchen Kreisen du dich bewegst, zu welchen Kreisen du gehörst und wo dir der Kreis in deinem Leben überall begegnet ist und begegnet. Gibt es

Kreise, die du mehr fördern, erschaffen und initiieren möchtest, weil sie dir und andern guttun?

Die Kreise, zu denen du gehörst, können energetischer Natur sein. Wenn du zum Beispiel dieses Buch liest, gehörst du zum Kreis der Priesterinnen vom See. Wenn du dabei auf dein Herz hörst, kannst du uns spüren und auf deine Art und Weise wahrnehmen. Wir unterstützen uns, begleiten uns und tragen uns gegenseitig. Wir kommunizieren und tauschen uns aus über das feine Netzwerk Avalons, selbst wenn wir uns in dieser Inkarnation niemals physisch begegnen sollten.

Weiterhin gibt es die physisch, erlebbaren Kreise, wo Menschen zusammenkommen, zusammensitzen, miteinander sprechen, sich berühren und umarmen können. Wir brauchen beides. Aber eben auch die energetischen, weil es manchmal nicht möglich ist, mit allem, was uns wichtig ist, über die physische Ebene im Kontakt sein zu können. Das ist ein Zeichen unserer Zeit, denn wir wohnen, auch aufgrund der unzähligen Erfahrungen, die wir in der Zwischenzeit in so vielen verschiedenen Leben gesammelt haben, nicht mehr alle an einem Ort – einer Insel –, sondern sehr verstreut überall auf der Welt. Doch das allein ist zu wenig, um uns als Mensch wohlzufühlen, um uns sicher und geborgen zu fühlen und auch, um unsere Aufgaben erfüllen zu können. Dafür benötigen wir ebenso physische Kreise, zu denen wir gehören und die uns tragen können. Das kann deine Familie sein, deine Freundschaften, dein Arbeitsumfeld, ein Verein...

Auf jeden Fall möchten wir dich bitten, auf deine Kreise zu achten und sie zu pflegen, wenn du den Weg der Priesterinnenschaft vom See gehst.

Wie bereits erwähnt, waren die Priesterinnen von Avalon beispielsweise Seherinnen, Heilerinnen, Hebammen und Lehrerinnen. Auf unserem gemeinsamen Schulungsweg werden wir uns diesen Aspekten zuwenden. Dabei kannst du selbst spüren, wo es dich am meisten hinzieht, was deine Qualität und somit dein Geschenk an die Priesterinnenschaft vom See und an die Welt ist. Denn alle Gaben, die wir erhielten, um sie zu entwickeln, haben wir für den Kreis, für die Gemeinschaft, für die Schwesternschaft bekommen, nicht für uns persönlich. Wir haben sie, um anderen damit eine Freude bereiten zu können, und *das* wiederum darf uns Freude bringen. Es ist wichtig, sie zu (er)kennen und zu teilen. Deshalb bewege bitte in deinem Herzen immer wieder die Frage, was deine Gabe in Bezug auf dein Priesterinnensein ist, und wie du sie mit deinen Schwestern und mit der Welt teilst und teilen kannst. (Manchmal sehen wir unsere Fähigkeiten nicht, weil es Qualitäten sind, die uns so selbstverständlich zu sein scheinen und wir sie automatisch anwenden, ohne uns bewusst zu sein, dass das etwas ganz Besonderes ist. Hier kann ein Gespräch mit einem lieben Menschen, der erzählen darf, wie er dich wahrnimmt und was er an dir schätzt, sehr hilfreich sein! ☺)

In allen Mysterienschulen war es so, dass wir ausgewählt wurden, den Priesterinnenweg zu gehen. Wir klopften nicht an die entsprechende Tür und sagten: „Ich will Priesterin werden. Nehmt mich auf!“, sondern wir wurden dorthin gebracht, weil es unsere Bestimmung sein sollte, diesen Weg zu gehen – wer auch immer das entschieden hatte. In diesem Kontext ist es wichtig, darauf zu vertrauen, dass es dennoch dem Plan unserer Seele entsprach, denn sonst wären wir woanders gelandet. So sollte es nach wie vor sein, dass wir unsere Priesterin nicht deshalb aktivieren, weil es unser „Ich“ will, sondern weil es unsere

Seele, unser Herz, unser wahres Wesen, die Quelle, die du bist, möchte und entscheidet.

Aus diesem Grund bitten wir dich, immer wieder innezuhalten und in dein Herz zu spüren, welcher Teil von dir sich mit der Priesterin, die du bist, beschäftigen möchte. Falls es dein „Ich" sein sollte, mach eine Pause und geh den Weg weiter, wenn der Impuls aus deinem Herzen kommt.

Auch wenn wir die Priesterinnen vom See ganz klar in Avalon, im heutigen Glastonbury, ansiedeln, waren sie mit anderen weiblichen Schulungs- und Ausbildungszentren vernetzt. Sie erhielten Besuch von Priesterinnen anderer Mysterienschulen und reisten zum Teil selbst dorthin, um sich auszutauschen und gemeinsam der Großen Mutter zu dienen. So gab und gibt es beispielsweise starke physische und energetische Verbindungen zwischen Avalon und Schottland, Irland, Wales und auch hinunter nach Frankreich, in die Bretagne, wo einige avalonische Wurzeln liegen.

Wir, als Priesterinnen vom See, können sagen:
Ich bin eine Hüterin des Wassers
im Zentrum des blauen Halbmondes!

Wie bereits erwähnt, wissen wir, dass die Wandlung weiblich ist. Das heißt, dass wir der weiblichen Kraft ihren Platz zurückgeben müssen, und dadurch auch der männlichen. Es geht darum, die Energie der Großen Mutter und der Großen Göttin, die sich über jede Frau ausdrückt, zu sehen und zu würdigen. Wenn sich alle Mütter und Frauen dieser Erde als Schwestern erkennen, annehmen und vernetzen würden, gäbe es keinen Raum mehr für Manipulation und Missbrauch. Denn das weibliche (Mutter-Gott)Feld wäre so stark, dass Manipulation und

Missbrauch nicht mehr möglich wären. Darüber entsteht und breitet sich Frieden aus, und jedes einzelne Kind dieser Erde wäre behütet und dürfte und könnte seine Kindheit genießen. Deshalb braucht es in diesen Tagen dieses Shekaina-Feld. Es ist Zeit, uns wirklich zu vernetzen. Der avalonische Weg, die Verkörperung der Priesterinnen vom See, ist ein Schritt in diese Richtung.

Wann, wo und wie immer die weibliche Energie von der männlichen unterdrückt und missachtet wird, wird übersehen, dass es die Mütter sind, die die Krieger, die Helden, die Machthaber, die Ehemänner, die Väter... geboren haben, ohne sie wären sie nicht hier. Es beinhaltet allerdings auch die Erkenntnis, wie machtvoll die mütterliche Kraft ist. (Zur Erinnerung: Wir sprechen zwar von den Frauen und den Männern, doch sind wir uns dabei sehr wohl bewusst, dass es um die weibliche und männliche Energiequalität in jedem einzelnen Menschen geht!)

Es geht also um die Würdigung der Weiblichkeit in allen Kontexten! Wir tragen unseren Teil dazu bei, indem wir beginnen, uns in der Schwesternschaft der Priesterinnen vom See anzuerkennen, unsere Stärken zu sehen und diese zu vereinen. Über unsere Schwächen können wir hinwegsehen, darüber schmunzeln und lachen. Deshalb sind wir hier gemeinsam auf dem Weg und machen uns gemeinsam auf den Weg. Dabei bilden wir einen Kreis! Wir sind der Kreis der Priesterinnen vom See. Jetzt und allezeit.

Mögen dich der immerwährende Tanz der Großen Mutter und das Licht von Avalon allezeit segnen!

Dein Avalon – Was ist Avalon für dich?

Meditation

Nun möchten wir dich bitten, es dir bequem zu machen und nach innen zu lauschen, welche Erinnerungen du bezüglich Avalon in dir trägst.

Schließe sanft deine Augen. Atme tief ein und aus. Spüre deinen Körper und komme in dir, im Hier und Jetzt, an. Nimm deine Wurzeln wahr und erlaube dir, stabil geerdet zu sein. Lege, wenn du möchtest, eine Hand auf dein Herz. Berühre darüber dein wahres Wesen. Lass es leuchten und strahlen, sodass es sich in dir ausdehnt. Verkörpere es durch und durch. Jetzt!

Nun wiederhole innerlich für dich einige Male „Avalon".

Erlaube dir, in diese Schwingungsqualität hineinzusinken und beobachte, wie es sich für dich anfühlt. Vielleicht entstehen Körperempfindungen. Welche Bilder formen sich dabei in dir? Deine Erinnerungen dürfen einfach aufsteigen. Vielleicht siehst oder spürst du dich auch in der alten Zeit, mit den damaligen Gewändern, in der Region rund um das heutige Glastonbury? Oder du weißt intuitiv deine Verbindung zu Avalon, die sich dir klar offenbart? Lass dir ein wenig Zeit, um für dich zu entdecken, wie sich Avalon anfühlt, was du damit verbindest, was dir in diesem Kontext einfällt oder sich dir zeigt. Bist du dabei allein oder mit anderen Priesterinnen? Was und wie auch immer du wahrnimmst, alles darf sein.

Atme tief ein und aus. Was kommt rund um „Avalon" noch in dir zum Schwingen? Welche Aufgaben hattest du möglicherweise in diesem Zusammenhang zu erfüllen? Welche Rituale hast du gefeiert? Bist du den alten Prozessionsweg gegangen? Wie war dein Austausch mit dem Reich der Naturwesen? Vielleicht kommen dir klare und deutliche Bilder, vielleicht ist es nur eine Ahnung und ein Gefühl. Wie auch immer es ist, ist es in Ordnung. Wir tragen gemeinsam deine Erinnerungen an Avalon zusammen und öffnen dabei die Türen hinein in diese Welt, die ein Teil von dir ist, weil du dich sonst nicht davon angesprochen fühlen würdest.

Atme erneut bewusst ein und aus. Was spürst du im Kontakt mit Avalon? Freiheit? Freude? Schwere? Traurigkeit? Enttäuschung? Leichtigkeit? Hunger? Kälte? Schmerz? Wärme? Alles darf da sein. Nimm es einfach wahr. Das Schwingungsfeld von Avalon nimmt dich behutsam und sanft tiefer und tiefer in sich auf. Lass es auf dich wirken und fühle, was dir dein physischer Körper, dein emotionaler, dein mentaler und dein spiritueller Körper dazu mitteilen möchten. Bist du den Ausbildungsweg bis zur Priesterinnenweihe gegangen, oder konntest bzw. wolltest du ihn vielleicht nicht vollenden? Wie war dein Austausch mit den Hohepriesterinnen vom See und mit der Großen Mutter? Hast du der weiblichen Kraft vertraut? Konntest du deine Verkörperung der Großen Göttin spüren? Erneut erlaube dir, alles da sein zu lassen, was da sein möchte und da ist.

Du kannst in diesem Entdecken deiner avalonischen Erfahrungen verweilen, solange du möchtest. Abschließend segnen dich die Priesterinnen vom See und die Große Mutter. Verabschiede dich aus dem Schwingungsfeld von Avalon für den Moment. Spüre deinen Körper. Über seine bewusste Wahrnehmung bringe dich zurück in deinen Raum und in deine Zeit, um geerdet und präsent zu sein. Sei gesegnet.

Vielleicht möchtest du dieses Erspüren auch über einige Tage fortsetzen. Dazu halte zwischendurch inne, fühle in dich hinein, nimm mit dem Schwingungsfeld von Avalon Kontakt auf und beobachte, was sich zeigt. Dadurch kann es auch passieren, dass dir manchmal Impulse und Eindrücke in Momenten kommen, in denen du dich gar nicht auf Avalon ausgerichtet hast und du nicht damit rechnest. Das ist möglich, weil dein Mentalfeld in diesen Augenblicken durchlässiger war und seine kontrollierenden und steuerenden Facetten losgelassen hatte. Deshalb ist unsere Empfehlung, dir selbst etwas Zeit zu schenken, um alles, was dich rund um Avalon bewegt und beschäftigt, zu sammeln. Das ist unser Einstieg. Auch während du weiterliest, werden sicher noch einige zusätzliche Erinnerungen auftauchen, die ebenso da sein und willkommen geheißen werden dürfen. Du bist unterwegs.

Mögen dich die Beständigkeit der Großen Mutter und das Licht von Avalon allezeit segnen!

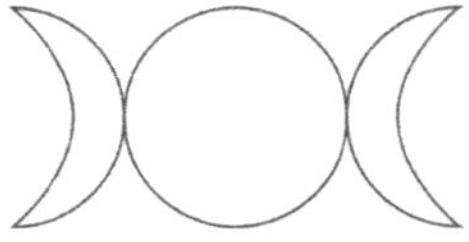

Die Große Mutter ruft ihre Priesterinnen nach Avalon

Meditation

Mache es dir bitte im Sitzen oder im Liegen bequem. Schließe deine Augen und atme einige Male tief ein und aus, um mit deiner Aufmerksamkeit in deinem Körper und im Hier und Jetzt anzukommen und zu sein. Erlaube ihm und der Gesamtheit, die du bist, entspannen zu dürfen – so, wie es in diesem Moment möglich ist. Lege deine Hand auf dein Herz und berühre dein innerstes Wesen. Beginne mit ihm zu schwingen, sodass sich sein Licht ausdehnt und alles, was du bist, durchdringt. Verkörpere es.

Nimm wahr, dass aus dem Zentrum Avalons, aus dem heiligen Raum tief unter dem Hügel in Glastonbury, eine liebevolle, mütterliche, nährende Energie zu dir zu fließen anfängt. Es ist die Große Mutter, die ihre Arme ausbreitet und dich willkommen heißt. Sie beginnt zu dir zu sprechen und sagt:

„Wir sind die urweibliche Kraft des Lebens, die Schöpferinnenkraft, die alles, was lebendig ist, atmen lässt. Wir bringen es in die Form, halten es und ermöglichen, dass es sich sanft wieder wandelt, wenn seine Zeit gekommen ist. Wir grüßen dich, geliebte Tochter, die du uns bist, und segnen dich. Wir sind der Schoß der Shekaina. Wir sind das alles liebende und alles annehmende Prinzip des Großen Ganzen. Wir sind das, was die weiblichen Wege, die Göttinnen-Wege gebiert und vernetzt, und Avalon ist ein Teil davon. Darauf fokussieren wir uns nun, denn diese Kraft darf wieder pulsieren und vibrieren.

Damit du in der Welt an deinem Platz wirken kannst, benötigt es zuerst eine energetische Konzentration auf diesen heiligen Raum, aus dem heraus wir dir begegnen und zu dir sprechen. So beginnt sich dein avalonisches Erbe wieder zu aktivieren und zu bereinigen. Dann kannst du von hier aus den Ort, an dem du lebst und bist, mit Avalon-Energien erfüllen, sodass sie sich darüber in Europa ausdehnen und die weibliche Kraft innerhalb der Morphogenetik so erstrahlt, dass sie sich mit den anderen weiblichen Wegen verbindet und sich ein großes, lichtes, nährendes, weibliches Kraftfeld um die ganze Erde bildet. Jetzt ist die Zeit dafür reif. Jetzt ist die Zeit zum Handeln.

Deshalb erheben wir uns und rufen unsere Priesterinnen zurück. Wenn wir das tun, können wir dir auf die unterschiedlichsten Arten begegnen. Wir können uns dir als Mutterschlange, als Kundalini-Energie oder in einer für dich stimmigen, personifizierten Form als eine Große Mutter zeigen. All das sind Übersetzungen dieses einen unendlichen Feldes der urweiblichen Mutterenergie, das sich durch das gesamte Universum webt und es auch zusammenhält. Die Erkenntnis und das Erleben, dass wir eins mit dir sind, war und ist einer der wichtigen Schritte auf deinem Priesterinnenweg. Denn alles, was du als Priesterin erfährst, tust und bist, entsteht aus der Einheit mit uns.

Wir bitten dich erneut, tief ein- und auszuatmen. Wir berühren dich und offenbaren uns dir so, wie es für dich annehmbar ist. Wir beginnen, dich zu durchwirken. Die Energie der Großen Mutter, die wir sind, strömt. Lass dich in unsere Arme sinken. Vertraue. Wir halten und tragen dich. Du bestehst aus der gleichen Energie wie wir. Du bist dieses weibliche Schwingungsfeld. Erlaube dir, dass sich alles, was du bist, wieder mit uns verbindet und sich darin und darüber auflöst, bis nur noch ein gemeinsames Sein ist und du den einen Herzschlag des Lebens, den

Pulsschlag der Schöpfung, spüren kannst, der alles durchzieht und sich im gesamten Universum ausdehnt. Sei einfach nur dieser Lebensrhythmus. Jetzt! Das ist deine innerste Essenz. Das ist die Einheit mit uns. Das verkörperst du, wenn du Priesterin bist. Dann bist du nur dieser Pulsschlag des Lebens. Es gibt kein Wollen mehr, kein Denken, kein Machen, sondern nur dieses Sein – dieser Herzschlag von Muttergott sein. Er ist allumfassend und alldurchdringend.

Wann immer du deinen Weg besser verstehen, dich wieder erinnern möchtest, wer und was du als Priesterin bist und sie vertieft verkörpern möchtest, sinke in unsere Arme und werde zu unserem einen Herzschlag und zu unserem einen Lebensrhythmus. So kommst du im Zentrum deiner Priesterinnenkraft, im Wesentlichen, an. Hier erholst du dich auch und schöpfst neue Energie und neue Kraft.

Das, was deine Priesterin kraftvoll sein lässt, ist deine innere Haltung. Die äußeren Taten entstehen daraus von selbst. Das, was zählt, ist das, was in dir ist – es wird nach außen hin sichtbar, als eine natürliche Folge. Doch für den Moment ist es ausreichend zu wissen, dass die Zeit für Veränderungen da ist. Dass es Zeit ist für die Priesterinnen vom See, sich zu erheben, zu erwachen und sich zu vernetzen, um dieser gesamten Erde zu dienen und die Umwälzungen zu sein, die nötig sind. Jetzt!

Wir leben in dir und durch dich und bleiben, solange du diesen Weg gehst, in der Einheit mit dir. Wir sind eins. Wir sind das Bewusstseinsfeld, das du als Große Mutter bezeichnest. Du bist über uns mit dem Herzen von Avalon verbunden. Sei gesegnet."

Atme tief ein und aus. Halt inne und spüre der tiefen Verbundenheit mit der Großen Mutter nach. Dann danke ihr und komm über das Wahrnehmen deines Körpers wieder in deinem

Raum und in deiner Zeit, im Hier und Jetzt an, um präsent zu sein. Jetzt!

Mögen dich die Fülle der Großen Mutter und das Licht von Avalon allezeit segnen!

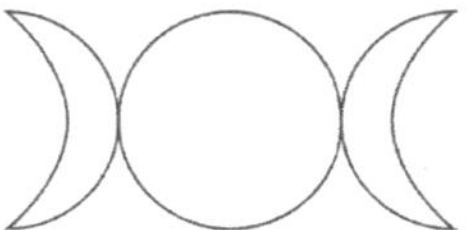

Priesterinnensein damals und heute

Viele Lichtarbeiterinnen tragen Erinnerungen an frühere Priesterinneninkarnationen in sich. Sie tauchen beispielsweise auf, wenn wir meditieren, wenn wir uns mit bestimmten Energiequalitäten, Zeitepochen, Kulturen und Orten beschäftigen oder besondere Plätze – alte Tempel usw. – bereisen. Sind wir dabei im Kontakt mit unserem Herzen, unserem wahren Wesen, spüren wir sehr deutlich, ob und in welcher Form es eine Resonanz dazu gibt.

Die Priesterinnenausbildungen waren anstrengend und hart. In der Regel kam man als Kind in die Priesterinnenschule, und der Unterricht begann. Je nachdem, welche Begabungen mitgebracht wurden und sich herauskristallisierten, wurden diese besonders gefördert. Es war selten ein leichter Weg. Es gab Neid, Missgunst, Intrigen und Eifersucht. Und es war nicht möglich, selbst zu entscheiden, mit wem man sein Leben teilen wollte. Wenn die Priesterin keinen Platz in der äußeren Welt einzunehmen hatte und im Kloster, im Tempel oder in der Mysterienschule bleiben musste, war es ihr nicht erlaubt, eine Familie zu gründen oder Kinder zu bekommen. Meistens war es ein Leben voller Entbehrungen und vieler strenger Regeln. Deshalb waren es oft einsame und leidvolle Wege. Wir waren viel mehr mit Überleben beschäftigt, fühlten Hunger, Durst, Kälte und Ähnliches. Also dürfen wir uns zuerst von einem verklärten und romantischen Bild des Priesterinnenseins verabschieden. All diese Erfahrungen gehörten in das Fische-Zeitalter, das unter dem Motto „Lernen durch Leid“ stand. Unsere Grundschwingung und die der Erde war noch viel dichter als heute, sodass wir diese große Disziplin benötigten, um unsere Energiefelder so zu verändern, dass wir dadurch in eine Kommunikation mit unseren feinstofflichen Geschwistern eintreten konnten.

Viele der früheren Priesterinnen leben heute mitten in einem fordernden Alltag, mit Beruf, Kindern, Haushalt, Partnerschaften, Verpflichtungen usw. und verspüren dennoch den Ruf, ihre spirituelle Kraft wieder zu entwickeln und ihren priesterlichen Weg zu gehen. Sie haben die Aufgabe, das, was früher nicht möglich gewesen ist, zu verbinden, wodurch eine Aussöhnung mit den alten Geschichten stattfindet, denn wir sind in der Neuen Zeit angekommen, im Wassermann-Zeitalter, was bedeutet: „Lernen in und durch Freude und Freiheit.“ So finden wir unsere Mitte bzw. die Mitte in allen Lebensbereichen, wobei wir hier auch noch ganz allgemein von Priesterinneninkarnationen sprechen, nicht nur in Verbindung mit Avalon. Denn wir können davon ausgehen, dass, wenn wir eine starke Resonanz zum Priesterinnensein verspüren, wir es in unzähligen Varianten und in sehr vielen verschiedenen Kontexten erfahren und ausgelebt haben. Wenn schon, denn schon... ☺

Aufgrund dieser angesprochenen alten und möglicherweise leidvollen Erfahrungen, kann es sein, dass uns das, auch in der Verbindung zu Avalon, ein Gefühl der Trauer, des Schmerzes oder der Schwere beschert. Wenn ja, dann sind das Energien der nicht-geheilten Dualität, die wir loslassen dürfen. Denn das Leben unserer Priesterinnenkraft im Hier und Jetzt ist nur möglich, wenn wir diese Altlasten integrieren, indem wir sie gehen gelassen und ihnen die Freiheit geschenkt haben.

Wenn wir also in der heutigen Zeit den Priesterinnenweg beschreiten, stehen wir mitten im Leben. Dennoch hat es Priorität. Das heißt, dass, wenn wir uns dafür entscheiden, uns Avalon durch alle Lebensbereiche, die darauf ausgerichtet werden, begleitet. Es gibt keine Wochenendpriesterin. Es ist eine Vollzeitaufgabe. Wir verbinden es mit unseren Alltagsaufgaben und verändern darüber unseren Alltag. Wenn wir dem priesterlichen Pfad folgen, ist es auch eine Entscheidung für unser wahres Wesen – dieses zu verkörpern und uns von ihm führen zu lassen.

**

Was bedeutet es nun, Priesterin zu sein?

Es heißt zum Beispiel, das Leben zu lieben, JA zu sagen zu allen Erfahrungen und Geschenken, die es uns machen kann, und allem, was lebt, zu dienen.

Die Priesterin ist auch eine andere Bezeichnung für den Kosmischen Menschen. Wenn wir Priesterin sind, sind wir Kosmischer Mensch. Ebenso ist die Priesterin eins mit der Großen Mutter und repräsentiert das urweibliche Prinzip. Sie ist ein Bewusstseinsfeld, in das wir eintauchen, das sich aufbaut, in dem wir sind, das uns begleitet und uns, je stärker es wird, Demut und Bescheidenheit lehrt. Die Priesterinnenkraft braucht keine große Bühne. Sie kann sehr im Verborgenen wirken, wo sie von jenen, die sie kennen, dennoch wahrgenommen und gesehen wird. Wenn wir Priesterin sind, ehren wir die unendliche und unerschütterliche Kraft des Lebens in und um uns. Das macht uns liebend und mitfühlend. All das entwickelt sich parallel zur und gerade auch durch die Erfüllung unserer täglichen Aufgaben.

Je nachdem, welche Priesterinnenschule wir besuchten, entfalteten wir unterschiedliche Qualitäten, die der Göttin entsprachen, der wir dienten. Das ist nach wie vor so. In der avalonischen Schule geht es um die Große Mutter, um den Kontakt zur Erde, zur Natur, den Naturwesen, dem Mond und den Sternen, zur Mutterschlange und den Drachenkräften. Deshalb wird uns das in den folgenden Kapiteln begegnen.

Wenn wir uns mit Avalon und unserem Priesterinnensein beschäftigen, geht es nie um ein Schwelgen in der Vergangenheit, sondern immer darum, die Geschenke dieser alten Erfahrungen ins Hier und Jetzt zu bringen, auszupacken und weiterwachsen zu lassen. Das ist Evolution.

Nun erwartet uns unsere Lehrerin, und wir beginnen, mit ihr die Facetten des priesterlichen Weges zu entdecken.

Mögen dich die Anmut der Großen Mutter und das Licht von Avalon allezeit segnen!

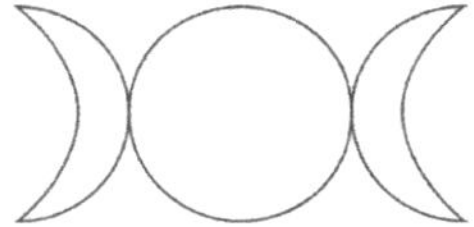

Begegnung mit Morgana

Meditation

Mach es dir bitte bequem und entspanne dich auf deine eigene Art und Weise, so, wie es dir im Moment möglich ist. Schließe immer wieder deine Augen und atme dabei tief ein und aus.

Sei mit deiner Aufmerksamkeit in deinem Körper und lass darüber deine Wurzeln wachsen, um im guten Kontakt mit der Erde zu sein. Lege eine Hand auf dein Herz und berühre dein wahres Wesen. Es darf leuchten und strahlen, sich ausdehnen und die Gesamtheit, die du bist, durchdringen. Jetzt!

Nimm wahr, dass du mit dem Zentrum Avalons, mit dem Hügel in Glastonbury, verbunden bist und dir darüber die liebevolle und nährende Energie der Großen Mutter zufließt und dich segnet. Atme bewusst ein und aus. Erlaube dir, dich auf das avalonische Schwingungsfeld einzulassen und dort einzutreten und einzutauchen. Jetzt!

Über das Bewusstseinsfeld von Avalon, das dich durchströmt und um dich ist, kommt Morgana zu dir. Sie berührt dich sanft, begrüßt dich und beginnt, zu dir zu sprechen:

„Wir sind Morgana, Priesterin vom See. Wir segnen dich, geliebte Schwester Avalons, die du uns bist, im Namen aller Seepriesterinnen und Hohepriesterinnen unserer Mondschwesternschaft und Gemeinschaft der Großen Mutter. Wir sind gekommen, um dich einzuladen, uns zu folgen, sodass wir dich Schritt für Schritt an deine priesterlichen Aufgaben und deine Priesterinnenkraft erinnern und die alten Verbindungen und Freundschaften neu erstehen lassen können. Deshalb nehmen

wir dich, wenn du bereit dazu bist, als unsere Schülerin, als unsere Adeptin an. Jetzt!

Du bist in das Bewusstseinsfeld von Avalon eingetreten, und die Große Mutter hat dich willkommen geheißen. Nun nehmen wir dich an die Hand, und unabhängig von deinen Erinnerungen an Avalon, die du gesammelt und wiederentdeckt hast, möchten wir dich jetzt in das Zentrum von Avalon, auf den Hügel zurückführen, weil dort deine Unterweisungen stattfinden werden, bevor du von hier aus ausgesandt wirst, an deinen Platz, an dem du lebst, zurückzukehren, um hier im Namen Avalons zu wirken und das avalonische Netz mit zu halten, zu gestalten und zu bewahren.

Die Reise nach Avalon kann sowohl über das sirianische Licht, als auch über den grünen Strahl erfolgen, beide sind Türen hinein in unser Reich. Dem Siriuslicht wenden wir uns zu einem späteren Zeitpunkt deiner Schulung zu. Deshalb erlaube dir, die grüne Energie wahrzunehmen, die dich über das Avalon-Bewusstseinsfeld berührt und einen Pfad öffnet, dem du von dem Raum aus, in dem du nun bist, während du dieses Buch liest, gemeinsam mit uns folgen kannst. Er bringt dich zurück. Wir gehen diesen Weg gemeinsam, und währenddessen halten wir mit dir immer wieder inne, um dich einzuladen, tief ein- und aus zu atmen und dabei den Kontakt mit den avalonischen Energien zu vertiefen.

Sicheren Schrittes führen wir dich durch die Wasser und teilen für dich die Nebel, sodass deine Sicht vollkommen klar wird und ist. Wir kommen mit dir in Glastonbury an. Allerdings nicht in dem von heute, sondern in dem von damals, wo es auch nicht unter diesem Begriff bekannt gewesen ist, sondern bereits Avalon genannt wurde. Wir betreten mit dir den Bereich der Wei-

ßen Quelle, die noch verborgen bei den Bäumen, Sträuchern und Pflanzen, die hier wuchsen, sprudelte. Sie hat eine besondere, klärende Wirkung. Deshalb beginnen wir hier. Sei mit uns an der Weißen Quelle. Jetzt!

Gemeinsam begrüßen und danken wir der Hüterin des Ortes und der Quelle. Wir legen ihr Blüten und kleine Geschenke hin, die sie freudvoll annimmt. Du kannst dieses daran erkennen, dass sich das Wasser anders – freudiger, lebhafter und lebendiger – zu bewegen scheint. Auch das zarte Singen der Wasser-Deva ist zu hören, die hier diese heilige Quelle belebt und über diese antwortet.

Bevor wir den alten Prozessionsweg gehen und dich als Priesterin annehmen, benötigt es eine Klärung deiner Felder, um mögliche alte Erfahrungen, die du bezugnehmend auf Avalon in dir trägst, loszulassen. So kannst du den Schulungsweg ohne diese einschränkenden Speicherungen machen. Falls du diesbezüglich nichts mehr aufzulösen hast, erfrischt und belebt dich das Wasser einfach neu.

Deshalb lege nun alle deine Kleider ab. Jedes einzelne Kleidungsstück repräsentiert auch Teile deiner Körperfelder bzw. ihre Erinnerungsspeicher, von denen du dich so mit verabschiedest und sie leerst. Durch das Abstreifen der Kleider legst du deine belastenden Erfahrungen ab. Wir bitten dich, dir dafür Zeit zu lassen. Bei jedem Kleidungsstück, das du ablegst, kannst du diese Verknüpfung zu den alten Informationen auf deine Art und Weise wahrnehmen. Atme tief ein und aus.

Nun entfachen wir ein Feuer. In ihm verbrennen wir deine alten Kleider und somit die alten Erfahrungen. Wieder halte ein wenig inne, um diese Transformation bewusst zu erleben. Wenn die überholten Erinnerungsenergien aufgelöst sind, erlischt das

Feuer. Es hat seine Aufgabe erfüllt. Du kannst bewusst atmen. Du bist frei. Spüre die Leichtigkeit, die sich über diese Wandlung in dir ausdehnt und ist.

Nun wende deine Aufmerksamkeit der Weißen Quelle zu. Sie bildet ein kleines Wasserbecken, das gerade so groß ist, dass du dich hineinsetzen kannst. Dazu laden wir dich nun ein. Es ist erfrischend. Während du in der Weißen Quelle sitzt, lassen wir zusätzlich ihr Wasser über dich fließen. Wir schöpfen es, um es über deinen Kopf, deine Haare, dein Gesicht, deinen Nacken, deine Schultern, deine Arme, deinen Rücken, deine Brust und deinen Oberkörper sanft strömen zu lassen. Wir sprechen dabei in der alten, längst vergessenen Feensprache, sodass das Quellwasser, in dem du sitzt und das dich benetzt, tief in dich einwirkt, um erneut alte Erfahrungen zu verabschieden.

Dieses Wasser ist ein Seelenwasser. Das heißt, dass deine Seele immer rein, licht und heil ist, unabhängig von den Erlebnissen, die du hattest. Über ein Seelenwasser kommst du mit dieser Reinheit wieder in Kontakt. Alles, was von ihm berührt wird, die Gesamtheit, die du bist, beginnt sich an diese Reinheit zu erinnern, sodass du deine Unschuld wiederfindest – die Unschuld deiner Seele.

Das Element Wasser ist den Priesterinnen vom See heilig, und gleichzeitig wirkt es deshalb so intensiv mit ihnen und für sie. Atme tief ein und aus. Wir bitten dich nun, so lange in der Quelle zu sein, bis du diese Reinheit deiner Seele spüren kannst und wiederfindest. Deine Seele dehnt ihr weißes, leuchtendes, unschuldiges Sein aus und erfüllt dich durch und durch. Erneut bist du frei. Frei von der Vergangenheit, du bist frei für die Gegenwart und frei für deine Zukunft. Alles, was dir guttut, dich stärkt, dich nährt, dich unterstützt, bleibt und wird noch deut-

licher sicht- und spürbar, alles andere löst sich über das Wasser und in der Quelle auf und hat sich aufgelöst. Jetzt!

Atme bewusst ein und aus. Wann immer dir während des Schulungswegs weitere alte Erfahrungen begegnen sollten, die Enge und Einschränkung in dir erzeugen, komm selbstständig hierher zurück. Wiederhole dieses Ritual der Erneuerung, sooft es erforderlich sein sollte, bis du deine Reinheit und deine Unschuld spüren und annehmen kannst.

So sei mit deiner Aufmerksamkeit nun ganz in dir und bei dir. Nimm das weiße, klare Licht wahr, das durch deine Körper schwingt und das deine Körper sind – dein physischer, emotionaler, mentaler und spiritueller. Sei in tiefer Dankbarkeit und Einheit mit dem Wasser der Weißen Quelle und empfange den Segen seiner Hüterin. Jetzt!

Wisse, dass wir dich durch viele Themen, die wir mit dir ansprechen möchten, relativ zügig führen können, weil es um ein Wiedererinnern, ein Wiederaktivieren und ein Wiedererwachen geht und nicht um etwas ganz Neues, das du erst lernen oder üben musst. Du bist keine Anfängerin mehr. Diese Energien sind nicht neu. Sie sind dir vertraut. Deshalb ist es auch leicht, alte Avalon-Erfahrungen so abzulegen und abzugeben und es, bei Bedarf, wieder zu tun.

Nun bitten wir dich, dich aus dem Wasser zu erheben und aus der Quelle zu steigen. Du strahlst dabei nach wie vor licht und leicht, rein und frei. Wir trocknen dich behutsam ab und überreichen dir dein neues, einfaches Kleid aus einem Baumwollleinen-Mischgewebe. Es ist naturfarben. Im Moment bleibst du barfuß. Auch das gehört mit zu deinen Unterweisungen. Wir verabschieden uns von diesem besonderen Ort. Wir danken der Weißen Quelle und ihrer Hüterin und hinterlassen erneut kleine Geschenke.

Atme tief ein und aus. Nimm deine Reinheit wahr, die du bist und verkörperst. Durch die Klärung deiner Felder wurde deine mentale Ebene mit deiner emotionalen ausgeglichen, sodass du weniger denkst und dafür noch mehr wahrnimmst. Du bist ganz wach. Deine Sinne wurden geschärft.

Nun beginnen wir, den alten Prozessionsweg schweigend emporzusteigen. Wir gehen vor, und du folgst uns. Wir beschreiten den Schlangenweg, Mit jedem Schritt begrüßen wir die Große Mutter, die Mutterschlange, und sagen ihr, dass wir hier sind, bereit, ihren Botschaften zu lauschen und ihr zu dienen. Mit jedem Schritt sind wir mit ihr in einem tiefen Austausch und in einer tiefen Kommunikation, sodass wir während des Gehens in eine Meditation mit der Urmutter kommen. Lass dir dafür ein wenig Zeit, um das bewusst zu erleben.

Am Tor angekommen, siehst du den alten Steinkreis. Hier ist ein Dimensionstor. Seine Hüterwesenheit erkennt dich, begrüßt dich, segnet dich und gewährt dir den Zutritt. Wir begrüßen sie und danken ihr. Wir aktivieren das Dimensionstor, indem wir in spiralförmig-kreisender Art in das Zentrum des Steinkreises eintreten. Hier angekommen, erlebe dich als klare Vermittlerin zwischen Himmel und Erde. Du bist tief in der Großen Mutter verwurzelt und darüber in Gaia, die ihre Tochter ist. Die Urmutter ist unter dir und über dir. Du bist ganz in ihr Feld eingebettet. Du bist ein Ausdruck von ihr. Du bist die Große Mutter durch und durch.

Atme tief ein und aus. Lass dir Zeit, um all das zu erleben, zu erfahren und es dir wieder vertraut zu machen. Spüre, dass Avalon deine Heimat und dein Zuhause ist. Erlaube dir, ganz hier zu sein. Jetzt!

An diesem Ort finden, wie gesagt, deine Unterweisungen, dein Wiedererinnern statt. Im nächsten Schritt werden wir dich als Priesterin annehmen. Jetzt verweile, so lange du möchtest. Lass die Energien fließen – nimm auf und an.

Dann verabschiede dich von dem heiligen Ort. Wir finden den Weg aus dem Zentrum über das Dimensionstor wieder zurück auf den Hügel. Wir danken der Hüterwesenheit und empfangen ihren Segen. In tiefer Verbundenheit mit der Großen Mutter kommen wir über den alten Prozessionsweg wieder zum Fuße des Tors. Hier atme tief ein und aus. Der grüne Strahl bringt dich in deinen Raum und in deine Zeit. Spüre bewusst deinen Körper und über ihn dein Präsentsein im Hier und Jetzt! Lege deine Hände auf dein Herz, um alle Berührungen, Bewegungen und Erfahrungen zu integrieren. Du bleibst mit dem Bewusstseinsfeld Avalon verbunden. Jetzt ist die Zeit, um zu ruhen.

Wir danken dir und ziehen uns für den Moment zurück, bis du für den nächsten Schritt bereit bist. Wir sind Morgana. Sei gesegnet im Namen aller Priesterinnen vom See und der Hohepriesterinnen."

Mögen dich die Leichtigkeit der Großen Mutter und das Licht von Avalon allezeit segnen!

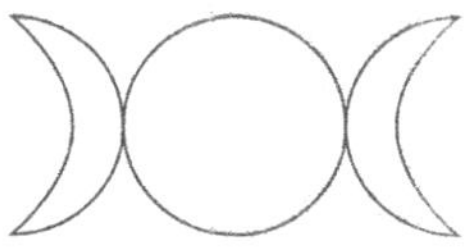

Die Priesterin in dir erwacht

Meditation

Finde eine für dich bequeme Position im Sitzen oder im Liegen. Schließe deine Augen und atme einige Male tief ein und aus. Komm mit deiner Aufmerksamkeit zu deinem Körper und nimm ihn bewusst wahr. Erlaube dir, dich zu entspannen, so, wie es dir im Moment möglich ist. Wenn du möchtest, kannst du wieder eine Hand auf dein Herz legen, um auf diese Art und Weise dein innerstes Wesen zu berühren, sodass du eins mit ihm wirst und dich sein Licht durchdringt. Jetzt!

Tauche in das Bewusstseinsfeld von Avalon ein. Es ist eine Entscheidung und eine mentale Ausrichtung, und darüber beginnt sich die avalonische Energie mit dir zu vernetzen und sich in dir und über dich auszubreiten. Die Liebe der Großen Mutter berührt und segnet dich. Sie lädt dich ein, zu ihr zu kommen.

Morgana nimmt Raum und ist an deiner Seite. Erneut ist es das grüne Licht, das dir die Brücke in das Reich von Avalon bildet. Über diesen grünen Energiefluss bringt dich Morgana nach Avalon zum Fuße des Hügels, wo sie mit dir den alten Prozessionsweg hochgeht. Atme tief ein und aus. Mit jedem Schritt vertieft sich wieder dein Kontakt zur Großen Mutter. Hör ihr dabei zu. Vielleicht möchte sie dir etwas sagen?

Nun kommst du am Steinkreis an. Die Hüterwesenheit begrüßt und segnet dich. Du durchschreitest das Dimensionstor und trittst spiralförmig-kreisend in die Mitte des Steinkreises. Dort spüre die zeitlose Energie und Kraft von Avalon. Jetzt!

Morgana spricht:

„Wir grüßen dich, geliebte Schwester, die du uns bist. Wir segnen dich im Namen der Priesterinnen vom See und der Hohepriesterinnen. Nun erneuern wir deine priesterliche Kraft. Auch wenn wir erst am Anfang unserer Unterweisungen sind, können wir dieses tun. Denn du bist in so vielen Leben priesterliche Wege gegangen, sodass wir dort anknüpfen und dich als Priesterin vom See in unserem Kreis willkommen heißen. Nimm wahr, wie viele andere Priesterinnen da sind, und auch die lange Reihe der Hohepriesterinnen nimmt Raum. Da du hier in einem anderen Zeit-Raum-Gefüge bist, gibt es keine Trennung. Das heißt, dass jeder Mensch, der eine avalonische Priesterin oder Hohepriesterin gewesen ist, hier, durch alle Zeitalter hindurch, ein- und ausgehen kann. So kannst du an diesem Ort auch der priesterlichen Kraft begegnen, die du selbst gewesen bist, genauso wie du mit jeder anderen, die jemals Priesterin oder Hohepriesterin war, ist oder sein wird, hier im Austausch sein kannst, wann immer du hier bist und du es möchtest.

Deshalb laden wir nun die Priesterin oder die Priesterinnen ein, die du gewesen bist, sich zu zeigen. Sie treten vor. Lass dir ein wenig Zeit, sodass sie auf dich wirken dürfen und du, wenn du möchtest, in den Austausch mit ihr bzw. ihnen gehen kannst. Atme tief ein und aus. Die Priesterin und die Priesterinnen, die du warst, berühren dich liebevoll, und du beginnst, mit ihr und ihnen zu verschmelzen. Ihre Kraft ist deine Kraft. Jetzt!

Dadurch erwachen und verstärken sich deine priesterliche Präsenz und dein priesterliches Bewusstseinsfeld.

Linear betrachtet sind die Seepriesterin und die Seepriesterinnen, die du warst, nun mit dir verbunden und leben über dich im Hier und Jetzt weiter, sodass sie auch über dich, die du Teil des avalonischen Kollektivs bist, bleiben und sind. Holistisch gesehen gibt es jeden einzelnen Priesterinnen-Ausdruck, der du gewesen bist, nach wie vor als eigenständigen Persönlichkeits- und Seelenaspekt innerhalb des Schwesternschaftskollektivs von Avalon, dem du hier nach wie vor begegnen kannst, wann immer du möchtest. Und du darfst in diesem Fall von dir selbst lernen. Wenn du in der Kommunikation mit der Priesterin oder den Priesterinnen, die du warst, bist und sie dir ihre Namen nennen, die sie und dadurch du getragen haben und hast, kannst du sie nutzen, um deine priesterliche Kraft zu fördern. Dazu wiederhole sie in deinen Meditationen, ähnlich einem Mantra, damit sich die Energien entfalten, die du unter diesem Namen entwickelt hast, dir zur Verfügung stehen und sie von dir integriert werden können. Allerdings sind es keine Namen, die du in der äußeren Welt tragen oder sie anderen nennen solltest, damit sich deine priesterliche Kraft nicht zerstreut und bei dir und in dir bleibt und ist.

Atme tief ein und aus.

Nun laden wir dich ein, erneut das Gewand der Priesterin, die du bist, wahrzunehmen. Wir beginnen dich zu schmücken, indem wir dir alles, was dir einst im avalonischen Kontext gehörte, zurückgeben – deine Kristalle, deine Medizin und deinen Schmuck. Wir legen dir deinen blauen Umhang um, den alle Priesterinnen getragen haben. Er ist mit den lunaren und stellaren Symbolen bestickt, die eng mit Avalon verbunden sind.

Das Wichtigste ist der blaue Halbmond auf deiner Stirn. Wir benetzen ihn mit einem besonderen Mondwasser und machen ihn wieder sichtbar. Oder wir zeichnen ihn neu und ankern ihn als immerwährendes Zeichen Avalons auf deiner Stirn. Halt inne. Gehe mit deiner Aufmerksamkeit zu deinem Dritten Auge und nimm den Halbmond, der eigentlich ein Sichelmond ist, nahe deinem Haaransatz wahr. Lass ihn pulsieren und leuchten. Wann immer du mit deiner Aufmerksamkeit zu deinem blauen Halbmond gehst, bist du mit allen Priesterinnen vom See und den Hohepriesterinnen verbunden, und deine eigene Priesterinnenkraft beginnt durch dich zu fließen. Alles, was du dann tust, ist eine priesterliche Handlung und wird vom gesamten Kollektiv aller Priesterinnen vom See und den Hohepriesterinnen getragen und gesegnet. Über den blauen Halbmond kannst du mit ihnen kommunizieren und bist mit den unterstützenden Kräften Avalons vernetzt, wie beispielsweise mit den lunaren Energien, den Drachenenergien, der Großen Mutter, Sirius und anderen Sternenebenen, sodass du dich über deinen Halbmond auch damit austauschen kannst. Über das Zeichen des Mondes bist du in Verbindung mit den heiligen Quellen und den Kraftorten unserer Schwesternschaft, und es ist auch dein Zugang zum Reich der Natur und ihrer Wesen. Wann immer du eine Unterweisung erhältst oder dich im avalonischen Kontext bewegst, bitten wir dich, den Halbmond wahrzunehmen und zu aktivieren. Er führt dich, und du kannst ihm folgen.

Seine Aktivität lässt dich deine Sichtweisen erweitern, sodass du eine ganzheitlichere Sicht auf alles, was du dann betrachtest, erhältst. Der blaue Halbmond ist dein Schlüssel, um tiefer in die Geheimnisse und die Energien von Avalon einzutauchen. So atme tief ein und aus. Sei dir deiner avalonischen Kraft bewusst. Spüre sie. Spüre die Priesterin, die du bist, mit den Zeichen Avalons gewürdigt. Nimm deine Priesterinnenkraft wahr und verinnerliche sie. Jetzt!

Bleibe nun in der Zwiesprache mit all den Seepriesterinnen, solange du möchtest.

Wir umarmen dich und küssen dich sanft auf deinen blauen Halbmond, um dich in unserem Kreis und in unserer Mitte zu empfangen und an- und aufzunehmen. Wir setzen fort, wo wir einst aufgehört haben. Du bist eine Priesterin von Avalon, eine Seepriesterin, eine Mondpriesterin.

Atme tief ein und aus. Jede einzelne Priesterin und Hohepriesterin kommt zu dir, um dich zu umarmen und deinen blauen Halbmond zu küssen, dich als Schwester willkommen zu heißen und dich zu segnen. Das ist deine Familie. Jetzt!

Lass dir dafür die Zeit, die benötigt wird, dich in den Kreis aufzunehmen. Wir danken dir. Im Anschluss daran ziehen sich die anderen Priesterinnen und Hohepriesterinnen zurück. Verweile noch etwas allein und in der Stille, um darüber zu meditieren, wie dein priesterlicher Weg aussehen soll und darf. Dann danke allen und diesem heiligen Ort. Empfange den Segen Avalons und der Großen Mutter. Jetzt!

Nun führen wir dich aus dem Steinkreis durch das Dimensionstor zurück, sodass du dich von der Hüterwesenheit dieses Platzes verabschieden kannst. Wir bringen dich über den alten Prozessionsweg zum Fuße des Tors. Komm dort an.

Atme tief ein und aus. Das grüne Licht ist dir wieder eine Brücke, über die du in deinen Raum, in deine Zeit, in deinen Körper zurückkehren kannst. Spüre dich in und über deinen Körper. Jetzt!

Lege deine Hand auf dein Herz und spüre dieser Reise nach. Integriere deine priesterliche Kraft in deinem und über dein Sein im Hier und Jetzt! Willkommen in der Priesterinnenschaft vom See. Nun beginnt der Schulungsweg. Wir danken dir erneut. Fühle und lass deinen blauen Halbmond auch in deinem Alltag immer wieder aufleuchten. Darüber bist du eins mit der Energie von Avalon und all seinen Schwingungsfeldern. Wir sind Morgana. Sei gesegnet."

Mögen dich die Geborgenheit der Großen Mutter und das Licht von Avalon allezeit segnen!

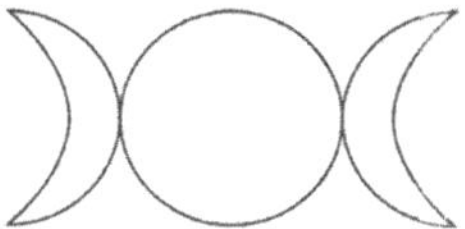

Der Schulungsweg beginnt

In den folgenden Kapiteln werden wir gemeinsam mit Morgana und anderen feinstofflichen Geschwistern Themen berühren, die uns auf dem Weg des Priesterinnenseins begleiten. Die Auseinandersetzung mit ihnen hört nicht auf. Sie wird im Laufe der Jahre, Jahrzehnte und vieler Leben subtiler, feiner, tiefer und umfassender, wodurch wir noch mehr in unsere priesterliche Kraft eintauchen und sie weiter zu verstehen beginnen.

Diese Themenbereiche sind zeitlos. Auch wenn wir einige davon länger und andere kürzer behandeln, sind sie alle gleich wichtig. Da der priesterliche Weg nicht linear ist, sondern holistisch, kannst du – sowohl beim Lesen als auch beim Wirken – zwischen den einzelnen „Themenpunkten" pendeln, wie es für dich stimmig ist und es dir deine Intuition sagt. Allerdings bitte ich dich, dabei darauf zu achten, dass gerade das, was uns scheinbar am wenigsten interessiert und anspricht, das ist, was für uns am wichtigsten wäre bzw. dessen Entwicklung für uns Priorität hätte. ☺ (EGOn lässt grüßen. Wer EGOn ist? Wir werden ihn später noch näher kennenlernen!)

Der Weg zur Priesterin wie auch der Weg der Priesterin – beide sind eine Schulung, Transformation und Erweiterung der Persönlichkeitsstruktur, die nicht so schnell endet. Es ist ein Weg der Selbsterfahrung, und in diesem Sinne bitten wir dich, all das, was du lesen wirst, zu verstehen und als Anregung zu nehmen, dich weiter, auf deine eigene Art und Weise, mit den Themen zu beschäftigen. Die priesterliche Kraft ist immer da, sie entspricht unserem natürlichen und wahren Wesen. Das Gefäß (= unsere Persönlichkeit), das das priesterliche Bewusstseinsfeld kanalisieren soll, benötigt die Vorbereitung, Reinigung und Ausdehnung.

Zu unserer Persönlichkeit gehören unser physischer Körper, unser emotionales, mentales und spirituelles Feld. Sie sind das Werkzeug unserer Seele, um sich hier auf der Erde bewegen und wirken zu können. Manchmal sind wir so mit ihnen oder einer Ebene von ihnen identifiziert, dass wir glauben, dass wir das wirklich sind, dass DAS unsere Essenz ist. Dabei sind diese Körperschichten nur unser Instrument, das Instrument unseres wahren Wesens. Uns daran zu erinnern, darauf auszurichten und dieses bewusste Sein zu schulen, um unsere Identifikationen zu lockern und aufzulösen, ist, war und wird es auch bleiben (zumindest so lange wir es benötigen und bis wir es vollkommen verkörpern), die Aufgabe jeder Mysterienschule und jedes Einweihungsweges – auch jene und jener der Priesterinnen vom See!

Lass es etwas Besonderes sein, wenn du dich mit diesem Buch und somit mit Avalon beschäftigst. Verbinde es, wenn du möchtest, mit einem bestimmten Ritual, sodass du dir jedes Mal zum Beispiel einen Kräutertee machst und eine Kerze entzündest, wann immer du in ihm liest oder Anregungen daraus umsetzt. Oder du hast ein bestimmtes Kleidungsstück oder für dich wichtiges Schmuckstück, das du dabei tragen möchtest? Vielleicht gibt es eine besondere Decke, auf der du dabei sitzen, oder einen speziellen Platz oder Ort, an den du dich zurückziehen möchtest, wenn du dich damit beschäftigst? Oder gibt es eine für dich heilige Zeit, in der du dich auf den Inhalt einlassen möchtest? Es darf auf jeden Fall etwas sein, das sich vom Rest deines Alltags abhebt.

Wir finden in allen Kulturen die Besonderheit, dass uns eine äußere Veränderung, sozusagen ein von uns gesetztes Zeichen, unterstützt, in unseren priesterlichen Fokus einzutreten und unsere Aufmerksamkeit darauf zu lenken. Somit kann es auch unseren avalonischen Weg unterstreichen.

Weiterhin möchte ich dich bitten, bevor du weiterliest, dir ein Avalon-Tagebuch zu gestalten bzw. vorzubereiten, in dem du deine Wahrnehmungen, deine Gedanken, deine Impulse, die Botschaften aus den Begegnungen mit den feinstofflichen Wesen und Erfahrungen zu den einzelnen Themen notierst. Das ist dein persönlicher Priesterinnen-Leitfaden und vertieft die Beschäftigung mit diesem Weg.

Und nun beginnen wir mit den ersten Einweisungen in das Seepriesterinnensein.

Mögen dich die Weisheit der Großen Mutter und das Licht von Avalon allezeit segnen!

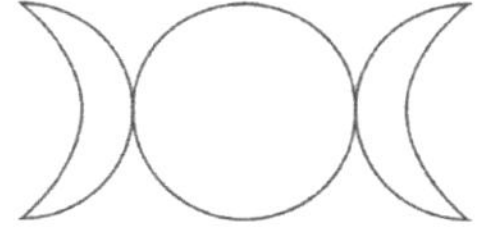

Die Priesterin benötigt ihren eigenen Raum

Bevor du die einzelnen Unterweisungen und Schulungen durchläufst – unabhängig davon, ob es eine Meditation ist, Futter für dein Mentalfeld, das sich mit etwas beschäftigen darf, bevor du es in deinem Herzen bewegst, oder ob es Fragen sind, die du dir stellen kannst –, stimme dich bitte ein, auch wenn es nicht erwähnt oder angeleitet werden sollte. Dazu aktiviere deinen blauen Halbmond, spüre die Energie der Großen Mutter, tauche in das Schwingungsfeld von Avalon ein, nimm Morgana an deiner Seite wahr, sei im Kontakt mit dem Tor und fühle dich als Seepriesterin, die du bist.

Ja, die Priesterin benötigt ihren eigenen Raum. Damit ist sowohl ein innerer als auch ein äußerer Raum gemeint. Oft ist unser Alltag so voll oder es ist ständig jemand um uns, dass es gar keinen Raum bzw. keine Zeit für uns zu geben scheint, denn Raum und Zeit sind eng miteinander verwoben. Sie halten uns in einer Form und sind dafür zuständig, dass wir in unserer Mitte sein können.

Raum und Zeit haben viele Ebenen und Dimensionen. Deshalb können wir sie, je nachdem, womit wir uns beschäftigen, sehr unterschiedlich wahrnehmen. Doch hier geht es uns primär um die Frage: Kannst du dir Zeit nehmen, um deinen eigenen Raum zu spüren, zu schaffen und zu genießen?

Natürlich hängt es von den aktuellen Lebensumständen ab, wie viel Zeit und Raum man sich schenken kann. Doch auch wenn es nicht so einfach sein sollte, weil so viele Aufgaben und Verpflichtungen zu erfüllen sind, geht es darum, sich diese Zeit und den Raum, auch wenn sie kurz und er klein ist, regelmäßig zu geben.

Wir bitten dich daher, die folgenden Fragen immer wieder in deinem Herzen zu bewegen, um dir im Laufe der Zeit mehr und mehr einen Raum zu schaffen, der ganz „groß“ sein darf und in dem du oft oder lange verweilen kannst.

- Wo ist mein Raum?
- Womit fülle ich meinen Raum?
- Habe ich in mir Raum?
- Habe ich einen inneren Raum?
- Kann ich den Raum in mir, den inneren Raum spüren?
- Wie fühlt er sich an?
- Wo ist er?
- Wie sieht er aus?
- Wie kann ich ihn gestalten, dass ich mich in ihm wohlfühle, zu Hause, sicher und geborgen?
- Kann ich mir den inneren Raum geben?
- Erlaube ich es mir, meinen inneren Raum zu finden und zu haben? Kann ich mich in meinen inneren Raum zurückziehen?
- Wie fühlt es sich an, wenn ich in meinem inneren Raum bin?
- Bin ich in meinem inneren Raum alleine?
- Darf ich einen Raum ganz für mich alleine haben?
- Wer bin ich in meinem inneren Raum?
- Welche Anteile von mir benötigen einen inneren Raum, um sich heil fühlen zu können?
- Hat meine Priesterin ihren Raum in mir?
- Fühlt sie sich damit wohl – möchte sie etwas daran ändern, oder hätte sie gerne mehr Raum in mir?
- Wie sieht mein äußerer Raum aus?

- Habe ich meinen eigenen?
- Wo und wann?
- Gibt es einen äußeren Raum, in den ich mich zurückziehen kann, und tue ich das auch? Erlaube ich es mir?
- Kann ich mir äußeren Raum schenken, indem ich mich für mehr oder weniger lange Zeiten nur für mich selbst verantwortlich fühle – nicht für die Kinder, den Partner/die Partnerin, die Haustiere, die Eltern, die Nachbarn/Nachbarinnen, die Kunden/Kundinnen..., sondern nur für mich? Wo ich mich aus allen Verpflichtungen und Aufgaben herauslösen kann?
- Hat meine Priesterin einen äußeren Raum?
- Wie sieht er aus?
- Fühlt sie sich hier wohl?
- Kann sie hier ihre Kraft und ihre Weisheit entfalten, oder benötigt sie etwas anderes – eine andere Form des äußeren Raums?
- Habe ich den Raum, frei und unabhängig zu entscheiden, was mir guttut und was ich tun möchte?
- Nutze ich diesen Raum auch, wenn ich ihn habe?
- Wie viel inneren und äußeren Raum brauche ich eigentlich?
- Und habe ich diese Räume?
- Kann ich bzw. soll ich mir mehr inneren und äußeren Raum geben? Und wenn ja, wie?
- Kann ich mir den inneren und äußeren Raum geben, wenn ich ihn benötige?
- Bin ich bereit dazu?

Ja, die Priesterin braucht ihren eigenen Raum, um diesen und anderen Fragen nachgehen zu können, um sich zu erkennen, um sich zu erinnern, um ihr Potenzial in die Entfaltung zu bringen. Deshalb bitten wir dich, dich mit diesem Thema zu beschäftigen.

Erschaffe dir deinen eigenen inneren und äußeren Raum und nimm ihn für dich in Anspruch. Er steht dir zu und darf sein.

Falls es dir noch nicht so vertraut sein sollte, dir deinen eigenen Raum zu geben, sind das zwei wunderbare Möglichkeiten, um damit zu beginnen, ihn entstehen zu lassen:

Setze dich täglich für drei, fünf, zehn oder fünfzehn Minuten hin. Tu nichts. Sei nur im Moment. Das heißt: Nimm wahr, wie du dich anfühlst, was in dir ist, welche Gedanken und Gefühle da sind und wie dein Atem fließt . Du beobachtest dich selbst. Alles darf da sein, und du brauchst damit nichts zu machen. Genauso, wie du während dieser Zeit auch keinen Tee oder Kaffee trinkst oder sonst etwas tust. Du sitzt nur da und bist mit dir selbst im Kontakt.

Diese kleine Übung, die manchmal gar nicht so leicht ist, wie sie klingt, bringt uns ganz in uns, ins Hier und Jetzt, und dadurch in den inneren Raum. Gleichzeitig geben wir uns einen äußeren Raum, indem wir einfach da sitzen und sind.

Die zweite Anregung ist, dass du während des Tages immer wieder kurz innehältst, unabhängig davon, was du gerade tust, und eine Hand auf dein Herz legst. Spüre deine Hand, wie sie dein Herz berührt und den Herzschlag fühlen kann. Vielleicht fließt über sie Wärme in dein Herz? Sei über deine Hand mit deinem Herzen in Kontakt und dadurch mit deinem wahren Wesen.

Auch hier brauchst du nichts zu tun, sondern nur wahrnehmen, wie deine Hand auf deinem Herzen ruht und wie sich das anfühlt. Nach einigen Atemzügen löse deine Hand von deinem Herzen und setze deine Aufgabe/Arbeit fort. Indem wir unsere Hand auf das Herz legen und unsere Aufmerksamkeit dorthin fließt, kommen wir in unserem Herzen, in unserem Körper, bei uns und in unserem inneren Raum an. Den äußeren Raum geben wir uns erneut, indem wir uns diese kleine Auszeit einfach nehmen. Probiere es aus, wenn du möchtest.

Mögen dich der Sanftmut der Großen Mutter und das Licht von Avalon allezeit segnen!

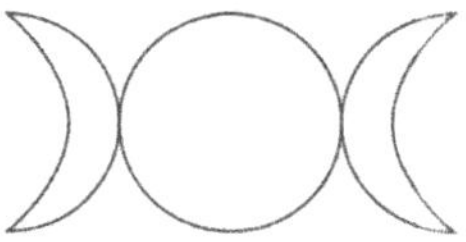

Die Priesterin und die Große Mutter

Als Seepriesterin verkörperst du die Große Mutter, lässt dich von ihr führen und folgst dem, was sie ist. Deshalb beschäftigen sich die ersten Unterweisungen mit den Aspekten Urmutter, Erde, Körper und der Liebe zum Leben. Es bildet die Basis des priesterlichen Wegs. Alles andere baut darauf auf. Aus der Auseinandersetzung mit diesen Themen entsteht eine grundsätzlich freundliche und wohlwollende Lebenseinstellung, ein Gefühl der Freude und der Dankbarkeit darüber, leben zu dürfen. Diese lebenszugewandte und -bejahende Grundhaltung ist das Fundament unseres Priesterinnenseins und von allem, was wir als Priesterin tun, aber auch nicht tun, sprechen, sehen, teilen, weben und erschaffen. Denn wenn wir dem Leben zugeneigt sind, ist unser Herz offen und unsere Liebe kann fließen. Dadurch durchdringt sie uns – alles, was wir zum Ausdruck bringen, und alles, was um uns ist. Genauso wie dann alles, was aus, über, durch und in uns entsteht, Liebe ist. Schöpfen wir aus und sind wir in dieser Liebe, kann auch keine Manipulation und kein Missbrauch stattfinden, weder in der Form, dass wir manipuliert oder missbraucht werden, noch wir manipulieren oder missbrauchen würden und könnten. Denn wenn wir in der Liebe sind, sind wir in der Einheit mit der Großen Mutter, weil sie das Feld der Liebe innerhalb dieses Universums ist. Wenn wir uns also mit ihr verbunden fühlen, erinnern wir uns, dass wir Liebe sind, und sind wir Liebe – durch und durch. Dadurch wandeln wir die Erde, und es entsteht ein liebevolles Miteinander aller Wesen, Reiche, Welten und Dimensionen.

Die Große Mutter ist also Liebe. Sie ist annehmend, gewährend, geduldig, mitfühlend, verständnisvoll, harmonisierend, nährend, wertfrei, gelassen, ausgleichend, tolerant, kreativ und vieles andere mehr. Doch sie kann sehr wohl auch Grenzen setzen, klar sein und zurücknehmen und zurückfordern, was sie geschenkt hat, und Nein sagen. Das stellt den dynamischen Teil der Urweiblichkeit dar.

Die Große Mutter ist unpersönlich. Das heißt, ihr Bewusstseinsfeld ist so groß, dass es nicht zu fassen ist. Sie ist so unendlich, hat keine Persönlichkeit (keinen EGOn ☺) und kann uns deshalb in jeder Form begegnen. Sie übersetzt sich für uns bzw. übersetzen wir sie, damit wir leichter mit ihr kommunizieren und im Austausch sein können. Aus ihr ist alles geformt.

Deshalb bitten wir dich, dass du beginnst, in allem, was dir begegnet und was dich umgibt, die Große Mutter zu sehen und ihre Liebe, aus der und mit der sie in den Ausdruck, in die Erschaffung und in die Kreation gegangen ist. Nimm wie eine erste Aufgabe in allem die Energie der Großen Mutter wahr, um ihr darüber nahezukommen, ihr zu danken und sie zu segnen. Lass deinen Alltag sich so gestalten, dass du das Bewusstseinsfeld der Großen Mutter in allem erkennen kannst, das sich dir zeigt und um dich und mit dir ist.

Um uns auf die Liebe der Großen Mutter einlassen zu können, benötigen wir Vertrauen in die weibliche Kraft. Hier kommen unsere Erfahrungen – aus diesem und aus früheren Leben – mit ins Spiel, die wir mit der weiblichen Energie, in welcher Form auch immer, gemacht haben. Vielleicht benötigt es in diesem Kontext noch eine Aussöhnung? Denn das Annehmen der Großen Mutter beinhaltet ebenso unsere Verbindung zu den Müttern, die wir im Laufe unserer Inkarnationen hatten, einschließlich unserer jetzigen, und die Verwurzelung mit unserer weiblichen Ahnen- und Ahninnenlinie. Zu unserer weiblichen und männlichen Ahnen- und Ahninnenreihe gehören sowohl Frauen als auch Männer, die uns vorausgegangen sind. Die Männer unserer weiblichen Linie repräsentieren die dynamische Energie unserer rezeptiven Seite.

Obwohl du sicher schon einige Erfahrungen mit diesen Themen mitbringst, die du gerne wieder aktivieren und miteinfließen lassen kannst, wenden wir uns ihnen in der nächsten Meditation zu. Wir laden dich ein, dir als Priesterin, die du bist, die Verkörperung der Großen Mutter noch einmal bewusst zu machen. Wir bitten dich, auch in deinen Meditationen immer wieder die Sätze *„Ich bin die Große Mutter! Die Große Mutter und ich sind eins!"* zu wiederholen und schwingen zu spüren. Wie fühlt es sich an? Vertraut? Stimmig? Ungewohnt? Auf jeden Fall gehört es mit zu dir, wenn du deinen priesterlichen Weg gehst. Wir danken dir.

Mögen dich die Gelassenheit der Großen Mutter und das Licht von Avalon allezeit segnen!

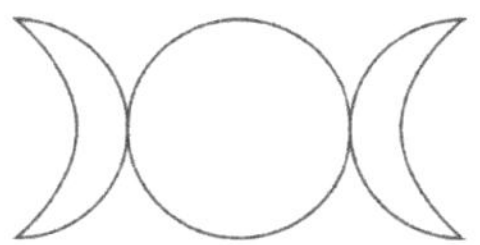

In den Armen der Großen Mutter

Meditation

Mache es dir bitte bequem. Wenn möglich im Liegen, um dich wirklich in die Arme der Großen Mutter sinken lassen zu können. Atme tief ein und aus. Komm mit deiner Aufmerksamkeit zu deinem Körper und darüber ins Hier und Jetzt! Erlaube dir und deinem System, sich zu entspannen. Erneut kannst du eine Hand auf dein Herz legen, um dein innerstes Wesen zu berühren, sodass es leuchtet und erstrahlt und die Gesamtheit, die du bist, durchströmt.

Spüre den blauen Halbmond auf deiner Stirn. Dadurch beginnt er zu pulsieren. Das aktiviert ihn. Du verbindest dich mit dem Schwingungsfeld von Avalon, tauchst darin ein und bist mit allen Seepriesterinnen und Hohepriesterinnen vernetzt. Nimm die Liebe der Großen Mutter wahr, die dich berührt. Atme bewusst ein und aus. Morgana ist an deiner Seite. Über den grünen Strahl führt dich Morgana nach Avalon, zum Fuße des Tors, wo sie mit dir den alten Prozessionsweg beschreitet. Dabei intensiviert sich der Austausch mit der Großen Mutter.

Du kommst beim Steinkreis an. Die Hüterwesenheit begrüßt und segnet dich und lässt dich eintreten. Du gehst durch das Dimensionstor, spiralförmig-kreisend in das Zentrum des Steinkreises, in das Herz von Avalon. Hier erlaube dir, die Priesterin zu sein, die du bist, warst und immer sein wirst. Spüre die avalonische Kraft, die dich durchströmt. Jetzt!

Morgana beginnt zu dir zu sprechen:

„Wir grüßen dich und segnen dich, im Namen aller Priesterinnen und Hohepriesterinnen Avalons, geliebte Schwester,

die du uns bist. Wir bitten dich, mit deiner Aufmerksamkeit bei deinen Füßen zu sein und bei dem heiligen Boden, auf dem du stehst. Nimm wahr, dass er weich wird und sich zu öffnen anfängt, sodass du ganz behutsam einzusinken beginnst, von der Erde aufgenommen wirst und in das Innere des Tors gleitest. Dort ist eine golden strahlende Kammer. Hier ruht die Mutterschlange, die dich begrüßt und willkommen heißt. Du wirst ihr noch öfters begegnen und sie noch mehr kennenlernen. Wann immer du sie siehst oder spürst, sei in der Offenheit und in der Bereitschaft, ihre Botschaften zu empfangen, die für dich, deinen priesterlichen Weg und für die Erfüllung deiner Aufgaben unterstützend sein können und sind. Deshalb atme tief ein und aus und verweile ein wenig mit der Mutterschlange. Jetzt!

Nun bitten wir dich, dich in diesem goldenen Raum hinzulegen und deine Augen zu schließen. Die Mutterschlange behütet dich. Nimm wahr, wie sich die Kammer im Inneren der Erde, in der du bist, ausdehnt, wie sie weit wird, groß und über sich und über Gaia hinauszuwachsen scheint. Sie öffnet sich in die Weiten des Alls hinein, sodass du tief in den Kosmos hineinsinkst. Jetzt!

Du bist ganz leicht und schwebst inmitten der Sterne, Galaxien, Sonnen und galaktischen Zentren. Atme tief ein und aus. Genieße deine Schwerelosigkeit und mache dir diese daraus resultierende Freiheit vertraut.

Jetzt bitten wir dich, die Gegenwart der Großen Mutter wahrzunehmen. Hier bist du direkt in ihren Armen. Sie hält dich. Sie trägt dich innerhalb dieses Universums – immer. Auch hier bist du zu Hause. Das ist ebenso ein Teil deiner Herkunft. Lass dir so viel Zeit, wie du möchtest, um einfach so mit der Großen Mutter frei schwebend im Kosmos zu sein. Dabei kannst du dir etwas anschauen und entdecken, die Große Mutter kann zu dir *sprechen, oder es ist Stille – reines unaussprechliches und unbeschreibliches Sein in den Armen der Großen Mutter.*

Über dieses Sein in und mit der Großen Mutter erlaube dir, dein Vertrauen, dein Urvertrauen in die weibliche Schöpfungsenergie, in die Gegenwart von Mutter-Gott, entstehen zu lassen und zu spüren. Es darf so groß werden und sein, dass es, wie die Liebe der Urweiblichkeit, keinen Anfang und kein Ende hat, dass es unendlich ist. Atme tief ein und aus. Urvertrauen ist in dir, um dich und überall in diesem Universum. Alles besteht aus Urvertrauen und ist von Urvertrauen durchdrungen, von dem Vertrauen in die urweibliche Energie. Dadurch ist auch unendliches Vertrauen in deine eigene rezeptive Kraft, unabhängig davon, wie sie sich äußert, du sie zum Ausdruck bringst und lebst. Falls es dir schwerfallen sollte, das so spüren zu können, komme immer wieder hierher. Wiederhole diese kleine Reise zur Großen Mutter so lange, bis du diese Unendlichkeit des Vertrauens und des Urvertrauens erfahren kannst. Zusätzlich findet darüber bei Bedarf eine Aussöhnung mit den mütterlichen und weiblichen Energien statt, die dir im Laufe deiner Leben begegnet sind. Atme tief ein und aus.

Aus diesem Grund nimm bitte wahr, dass dir nun alle Mütter, Großmütter und mütterlichen Seinsformen begegnen dürfen, die du je hattest, die dich geboren und aufgezogen haben. Sie nehmen dich in ihre Mitte. Es sind sehr, sehr viele. Unabhängig davon, wie die jeweiligen Erfahrungen mit ihnen gewesen sind, bist du nun in einem Schwingungsfeld, in dem ihre große Liebe für dich fließt. Diese strömt zu dir. In den Armen der Großen Mutter ist jede Mutter, jeder mütterliche Ausdruck und jede mütterliche Qualität liebend. Deshalb erlaube dir, in der Liebesenergie deiner Mütter und Großmütter zu baden. Deine Urgroßmütter und alle Wesen sämtlicher weiblicher Ahnen- und Ah-

ninnenreihen kommen mit dazu und sind ebenso um dich. Jetzt!

Nimm dieses unendlich große Liebesfeld wahr, das darüber in dem unendlich großen Schwingungsfeld der Urweiblichkeit entsteht. Es ist dein Liebesfeld. Hier kannst du erfahren, dass du immer geliebt bist, wurdest und sein wirst, immer genährt und getragen wirst, wurdest und werden wirst. Hier darfst du einfach sein, wer du bist und was du bist – immer und allezeit. Hier kannst du heil sein, und bist du heil!

Atme tief ein und aus. Nun schließen sich alle Menschen und alle Wesen aus den unterschiedlichsten Leben, Ebenen, Dimensionen und Reichen, die für dich weibliche Qualitäten repräsentierten und repräsentieren, deinem Schwingungsfeld der mütterlichen Liebe an. Über dieses gemeinsame Sein in den Armen der Großen Mutter finden bei Bedarf erneut eine tiefe Aussöhnung mit weiblichen Erscheinungsformen und Ausdrucksformen und eine Heilung statt. Atme bewusst ein und aus. Lass es Raum nehmen und entstehen. Nimm es an und schenke dir die Zeit, die es benötigt.

Bezugnehmend auf deine Priesterinnenwege ganz allgemein, deine avalonischen Erfahrungen mit eingeschlossen, werden einengende und misstrauensfördernde Speicherungen und Prägungen mit aufgelöst, die du in Frauenkreisen, Gemeinschaften, Schwesternschaften und Ähnlichem gemacht hast. Alle Menschen und Wesen, mit denen du darüber in Verbindung warst und bist, kommen mit zu dir, sodass du erneut ein freier, vertrauensvoller und vertrauender Teil der gemeinsamen Kreise werden kannst und bist – eingebettet in die Große Mutter und von ihr getragen.

Jeglicher möglicher Stress, den und jedes Spannungsfeld, das es jemals mit einer biologischen oder, im übertragenen

Sinne, Schwester gegeben hat oder gibt, in welchem Leben auch immer, darf sich neutralisieren. Gleichgültigkeit, Gelassenheit und Frieden nehmen Raum und sind. Jetzt!

Atme tief ein und aus. Viviane kommt zu dir und vertieft den Kontakt zu deinem Liebesfeld der mütterlichen Energien als auch zu den Armen der Großen Mutter. Wisse, dass sie als Hohepriesterin von Avalon der Großen Mutter so nahe ist, dass sie das Feld der Urweiblichkeit für alle Seepriesterinnen offen, aufrecht und stabil hält, damit sich darüber jede Priesterin von Avalon als Verkörperung der Großen Mutter fühlen und erleben kann. Viviane ist der Schlüssel dazu. Das war und ist einer der zentralen Aufgaben der avalonischen Hohepriesterinnen.

Viviane bestätigt dich als Mondpriesterin und nimmt dich ebenso auf und an. Das bedeutet, dass sie deinen Schulungsweg von jetzt an ebenso begleiten wird, auch wenn sie sich mehr im Hintergrund halten wird als wir. Viviane verkörpert das Mutterrecht, das heißt, dass die mütterliche Kraft im Zentrum ist, die Mitte des Kreises und gleichzeitig der innerste Kreis ist – in jedem einzelnen Menschen, in jeder Familie, in jeder Gemeinschaft, der bzw. die den Weg der Urweiblichkeit beschreitet. Überall, wo diese Essenz, das Mutterrecht, verletzt und missachtet wird, kommt Viviane hin, um die göttliche Ordnung wieder herzustellen und Gleichgewicht neu entstehen zu lassen.

Atme tief ein und aus.

Nun wenden wir uns noch einem anderen Aspekt zu. Jetzt geht es darum, dir dein eigenes Muttersein anzusehen. All die Kinder, die du in den verschiedenen Leben geboren hast, nehmen Raum in dem Liebesfeld der mütterlichen Energien, innerhalb der Arme der Großen Mutter. Jene, die du bekommen hast, genauso wie jene, die du nicht auf die Welt bringen wolltest oder konntest, jene, die leben durften, und jene, die nicht leben durften, lebensfähig waren oder früh gestorben sind, jene, die ein gesundes, glückliches Leben erfahren konnten, und jene, die schwächlich, kränklich, gebrechlich, missgebildet, belastet waren und ein schweres Schicksal zu tragen hatten. Alle kommen und sind da. Getragen von den mütterlichen Energien um dich herum, lass nun die Liebe als Mutter, die du bist, warst und immer sein wirst, zu allen deinen Kindern fließen. Liebe sie. Liebe sie, ungeachtet ihres Loses, das sie mit dir und über dich wählten. Erlaube, dass in ihnen dieses bedingungslos Angenommensein entstehen und ankommen kann und bei Bedarf ihre Wunden heilen lässt. Jetzt!

Bleib in diesem Liebesstrom, solange du möchtest und es erforderlich zu sein scheint. Atme tief ein und aus. Erlaube dir, anzunehmen und zu spüren, dass du eine gute, liebende und liebevolle, umsorgende und nährende Mutter warst und bist und immer sein wirst. Söhne dich, wenn es nötig sein sollte, mit deinen Kindern und deinem eigenen Muttersein aus. Lass Freiheit Raum nehmen und sein. Jetzt!

Finde deinen Frieden mit allen Ausdrucksformen der mütterlichen Energien und verweile in dem Feld der Großen Mutter, solange es dir guttut und für dich stimmig ist.

Atme tief ein und aus.

Der Segen der Großen Mutter ist mit dir. Jetzt und allezeit. Über die Große Mutter bist du mit allen Menschen und Wesen verbunden, denen du über ihre Arme begegnet bist. Über sie kannst du mit ihnen im Kontakt sein, wann immer du möchtest.

Atme tief ein und aus.

Für den Moment verabschiede dich von deinem Liebesfeld der weiblichen Energien und von der Großen Mutter. Wir bringen dich, gemeinsam mit Viviane, sanft und behutsam aus dem Kosmos wieder zurück in das Innere des Tors in die goldene Kammer, wo die Mutterschlange nach wie vor über dich wacht. Hier angekommen, segnet dich Viviane. Sie bleibt dort, während wir mit dir aus der Innererde zurück auf Gaias Oberfläche in die Mitte des Steinkreises reisen. Atme tief ein und aus. Spüre deine Füße und den heiligen Boden, auf dem du stehst. Er ist wieder ganz fest und stabil. Halt etwas inne, um alles, was du erlebt hast, zu integrieren.

Dann führen wir dich aus dem Steinkreis, durch das Dimensionstor, an der Hüterwesenheit, die dich segnet, vorbei, den alten Prozessionsweg entlang zum Fuße des Hügels. Der grüne Strahl bringt dich weiter in deinen Raum, in deine Zeit, in deinen Körper. Spüre ihn. Jetzt!

Wir bleiben an deiner Seite, auch wenn sich das avalonische Schwingungsfeld für den Moment zurückzieht. Dein blauer Halbmond hört auf zu pulsieren. Atme tief ein und aus. Lass dir erneut Zeit zum Nachspüren.

Wir danken dir und segnen die Priesterin und die Schwester, die du uns bist. Wir sind Morgana. Sei gesegnet."

Mögen dich die Vielfalt der Großen Mutter und das Licht von Avalon allezeit segnen!

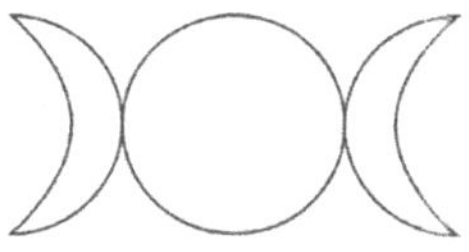

Mitochondrien

Was hat Avalon mit deinen Mitochondrien zu tun? Das ist eine gute Frage. Zuerst fassen wir kurz zusammen, was diese Wunderwerke sind.

Unser physischer Körper benötigt Energie, um seine Aufgaben erfüllen zu können. Über die Mitochondrien wird sie ihm über beispielsweise die Nahrung, die wir zu uns nehmen, so aufbereitet zur Verfügung gestellt, dass er sie gut nutzen kann. Deshalb werden die Mitochondrien als Kraftzentralen unserer Zellen bezeichnet. Besonders viele finden wir in jenen, die einen sogenannten großen Energieverbrauch haben, wie beispielsweise Muskel-, Nerven-, Sinnes- und Eizellen. Die Formen von Mitochondrien können kugelförmig und wie ein Netzwerk sein. Sie übernehmen essentielle Aufgaben innerhalb und für unsere Zellen und dadurch für unseren physischen Körper, sodass er sich wohl und vital fühlen kann.

Üblicherweise werden uns die Mitochondrien über die mütterliche Linie weitervererbt, auch wenn es die seltenen Ausnahmefälle gibt, wo die kleinen Kraftpakete über den Vater an die Kinder weitergegeben werden.

Manchmal werden die Mitochondrien als Schnittstelle zwischen dem Verdauungs- und Atmungssystem betrachtet. Sie haben Einfluss auf unseren Stoffwechsel. Wenn die Mitochondrien, aus welchen Gründen auch immer, nicht richtig arbeiten, kann es zu verschiedenen Disharmonien führen bzw. können diese gefördert werden, wie beispielsweise Allergien, Autoimmunsystemerkrankungen, Rheuma, Multiple Sklerose, Herzprobleme und andere mehr. Auch die Entwicklung von Parkinson-Erkrankungen wird in diesem Kontext erforscht. Häufig wird auch ein Zusammenhang zwischen dem Altern des Körpers und der Aktivität der Mitochondrien gesehen.

Was unsere inneren Energiefabriken nicht mögen ist zum Beispiel ungesunder Stress, Schwermetallbelastungen, ungesunde Ernährung, zu wenig Bewegung usw. Darauf wird in der Mitochondrien-Medizin Bezug genommen und angeregt, diese Versäumnisse bei Bedarf zu verändern, was übrigens immer bekannter werden wird, weil es zur Medizin der Neuen Zeit gehört, die Mitochondrien vermehrt mit zu berücksichtigen.

Diese Kraftwerke können nicht neu gebildet werden, sondern wachsen weiter, beispielsweise aufgrund eines höheren Energieverbrauchs in einem Körperbereich. Wenn sie verbraucht sind, werden sie vom Endoplasmatischen Retikulum, dem Golgi-Apparat und den Lysosomen abgebaut.

Unsere Mitochondrien haben ein eigenes Genom, also eine DNS-Struktur. Wie wir in spirituellen Kreisen schon länger wissen, kommt nun auch vermehrt in wissenschaftlichen Studien zum Ausdruck, dass unsere DNS das hört, was wir denken, fühlen und sagen, und darauf reagiert. Unsere Gedanken, Gefühle und Worte beeinflussen also unsere DNS – auch das, was sie fördert bzw. nicht fördert. Aus diesem Grund ist eine direkte, liebevolle und achtsame Kommunikation mit unserer DNS so heilsam, und das betrifft auch unsere Mitochondrien. Da sie eine DNS-Struktur haben, hören sie uns, und wir können mit ihnen sprechen und sie anregen, beweglich zu bleiben.

Eric Franklin, ein Tänzer, Choreograf, Dozent und Buchautor, hat in einem seiner vielen Werke „Fit bis in die Körperzellen – Jung und vital mit der Franklin-Methode", das im VAK-Verlag erschienen ist, eine einfache Anregung zur Kommunikation mit den Mitochondrien erwähnt. Dabei fließt Wasser über unsere

Hände, die auf den Schultern ruhen, zu den Mitochondrien und lässt sie beweglich und erfrischt sein, wodurch sich unsere Muskulatur in diesem Bereich entspannen kann. (Ich mag die Vorschläge von Erik Franklin, weil er eine so einfache und bildhafte, also eine weibliche Sprache hat.)

Zurückkommend auf die Frage, die wir zu Beginn dieses Kapitels stellten, was nämlich die Mitochondrien mit Avalon zu tun haben, können wir Folgendes sagen: Wenn wir den Weg der Priesterin gehen, folgen wir dem Pfad der Mutterlinie. Wir sind dabei im Kontakt mit dem, was wir von unseren Müttern und den Müttern, die wir selbst gewesen sind, mitgebracht haben, das heißt: Wir sind mit den Speicherungen unserer Mitochondrien in Verbindung. In diesem Kontext tragen wir auch ein avalonisches Erbe über sie in uns mit. Deshalb werden wir nun eine Meditation mit unseren und für unsere Mitochondrien machen, die du, wann immer und sooft du möchtest, durchführen und wiederholen kannst.

Mögen dich die Großherzigkeit der Großen Mutter und das Licht von Avalon allezeit segnen!

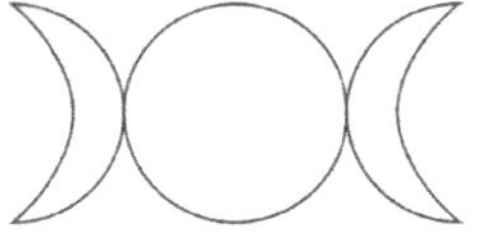

MM (Mitochondrien Meditation)

Mach es dir bitte im Sitzen oder Liegen bequem. Atme tief ein und aus. Spüre deinen Körper, und über diese Wahrnehmung lass dich im Hier und Jetzt ankommen und sein. Über dein Herz gehe in den Kontakt mit deinem wahren Wesen. Dieses darf leuchten und strahlen und die Gesamtheit, die du bist, durchdringen. Nimm deinen blauen Halbmond auf deiner Stirn wahr. Er darf pulsieren. Verkörpere die Priesterin, die du bist. Alle Seepriesterinnen und Hohepriesterinnen lassen ihren Segen zu dir fließen. Jetzt!

Tauche in das Schwingungsfeld von Avalon ein. Es durchströmt und umgibt dich, und die Liebe der Großen Mutter berührt dich. Fühle deine tiefe Verbundenheit zu diesen Energien und Schwingungsqualitäten.

Über das avalonische Bewusstseinsfeld kommt Viviane zu dir. Sie begrüßt dich, segnet dich und beginnt zu dir zu sprechen:

„Wir grüßen dich, geliebte Tochter und geliebte Schwester, die du uns bist. Wir segnen dich. Wisse, dass wir als Hohepriesterin Avalons nicht nur das Mutterrecht repräsentieren, sondern auch die Mutterlinien und darüber das, was durch sie fließt und über sie weitergegeben wurde und wird, von Generation zu Generation. Deshalb möchten wir dich bitten, mit dir sein zu dürfen, wenn du in den Austausch mit deinen Mitochondrien gehst. Dazu lege eine Hand auf dein Herz oder auf eine andere Körperstelle, wenn dir das lieber sein sollte. Spüre, wie deine Hand auf dieser Körperregion ruht und über sie Wärme und Liebe in deinen Körper einströmen. Dadurch fühlt er sich angenommen und beginnt, sich dir zuzuwenden, sich für dich zu öffnen. So ist es nun ein Leichtes für dich, mit einer Zelle Kontakt aufzuneh-

men und mit deiner Aufmerksamkeit ganz bei ihr zu sein. Danke ihr und segne sie.

Falls du den Impuls verspüren solltest, dieser Zelle etwas schenken zu wollen, in Form einer Schwingungsqualität, was zum Beispiel eine Farbe oder erneut Wärme, Liebe, Freundlichkeit und Ähnliches sein kann, lass es einfließen. Dadurch machst du deiner Zelle eine Freude, und sie wird sie weitergeben und mit anderen Körperzellen teilen.

Nun richte dich auf deine Mitochondrien aus. Nimm sie auf deine eigene Art und Weise wahr. Wie zeigen sie sich dir? Vielleicht als Kugel, kapselförmig oder wie ein Netzwerk? Es soll und darf für dich stimmig sein.

Wie fühlen sich deine Mitochondrien? Müde oder energiereich?

Lass dir Zeit, ihnen zuzuhören. Denn möglicherweise möchten sie die Gelegenheit nutzen, um dir etwas mitzuteilen, was für dein Wohlergehen und das deines Körpers wichtig ist.

Nun bitten wir dich, über deine Mitochondrien in die Qualitäten und Informationen einzutauchen, die du über deine mütterliche Linie mitgebracht hast. Das kann sich dir klar offenbaren oder auch nur symbolisch oder über Farben zeigen. Mache es dir vertraut. Erkenne das, was Kraft gibt und ein großer Segen für dich ist, und erfreue dich daran. Das, was eine Herausforderung oder vielleicht auch eine Belastung darstellt, erlaube dir, der heilsamen Energie von Avalon zu übergeben, über die Kraft, die wir sind, und über die Liebe der Großen Mutter. Über deinen Atem darf das, was du aus deinen Mitochondrien verabschieden möchtest, in das avalonische Feld einfließen, sodass es aufgelöst und verändert wird – sowohl für dich, als auch für alle, die vor dir waren, und für alle, die folgen werden. Jetzt!

Atme tief ein und aus. Halt inne, bis du spüren kannst, dass die Wandlung für den Moment abgeschlossen ist und deine Mitochondrien von Leichtigkeit erfüllt strahlen.

Nun gehen wir weiter. Nimm wahr, was in deinen Mitochondrien sonst noch von weiblichen Ahnen- und Ahninnenreihen gespeichert ist, wie auch von priesterlichen Wegen, die du gegangen bist, und auch von deinen avalonischen. Wisse, dass es eine physische und energetische Ebene deiner Mitochondrien gibt. Die zweite ist mit Informationen gefüllt, die du von Müttern im übertragenen Sinn bei Einweihungen der Großen Mutter erhalten hast oder immer dann, wenn du Teil einer Schwesternschaft warst.

Hier findest du auch das, was du dir von deinen avalonischen Erfahrungen mitgebracht hast, dein Avalon-Erbe. Alles hat Spuren in deinen Mitochondrien hinterlassen. Atme tief ein und aus. Werde dir dessen bewusst. Diese Speicherungen sind ebenso kräftigend, unterstützend und fördernd, genauso wie es welche geben kann, die dich beschweren, einengen und belasten. Durch die Aufmerksamkeit, die du ihnen schenkst, können die wohltuenden noch intensiver pulsieren und lebendiger werden. Die anderen atme in den Fluss der avalonischen Energien ein, damit sie dort Erlösung und Befreiung finden. Wir und die Liebe der Großen Mutter sind dabei behilflich. Jetzt!

Verweile und halte inne, solange es erforderlich ist, und atme aus, was dir nicht mehr dienlich ist. Deine Mitochondrien dürfen in diesem Kontext hell, licht und leicht werden und sein.

Nun beginnen wir, über die avalonische Schwingungsqualität deine Mitochondrien zu nähren. Wir speisen sie mit Flüssigkeit. Wir stellen ihnen alles zur Verfügung, was sie benötigen, um in Harmonie sein zu können. Du kannst, wann immer du möchtest, über die physische Ebene deiner Mitochondrien ihr viel größeres Schwingungsfeld, das sie umgibt, betreten, sodass du, wenn du dich darauf ausrichtest, in den weiten Bewusstseinsraum deiner Mitochondrien eintauchen kannst. Hier ist es möglich, ihr Potenzial und das wahre Ausmaß deiner Mitochondrien-Energie zu erfassen. So bist du auf der Schwingungsebene der DNS-Sequenz, die zu deinen Mitochondrien gehört. Das ist das Manifestations- und Schöpfungsfeld deiner Mitochondrien.

Atme tief ein und aus.

Gemeinsam mit dir lassen wir die unendliche göttliche Kraft des Lebens und der Erneuerung einfließen, damit sich heiles Sein in deinen und über deine Mitochondrien erneut manifestiert. Darüber breitet sich in jeder einzelnen Zelle Frieden aus. Dieser Frieden beruhigt mögliche Überschüsse an Feuerenergien in deinem System, sodass entzündliche und degenerative Prozesse zur Auflösung kommen. Ein breiter Strom des Friedens, begleitet von tiefer Gelassenheit, die die Stille der Shekaina in sich trägt, erfüllen jede einzelne Zelle und darüber deinen ganzen physischen Körper, und weiter die Gesamtheit, die du bist. Alles wird genährt: deine Mitochondrien, deine Zellen, dein physischer Körper. Du wirst genährt. Jetzt!

Bleibe im Kontakt mit deinen Mitochondrien. Wohlgefühl darf sich über sie ausdehnen. Jede deiner Zellen leuchtet und wird von diesen Kraftwerkszentralen mit so viel Energie versorgt, dass deine Organe und alles, was dein physischer Körper ist, wunderbar funktionieren und arbeiten. Genieße die Vollkommenheit deines Seins. Genieße das Leuchten deiner Mitochondrien und deiner Zellen, solange du möchtest. Jetzt! .

Wir segnen deinen physischen Körper. Wir segnen deine Mitochondrien. Wir segnen dich. Wir sind Viviane. Wir danken dir und ziehen uns zurück. Atme tief ein und aus. Spüre deinen Körper. Nimm die Veränderung wahr, die in ihm Raum genommen hat. Verabschiede dich für den Moment aus dem Schwingungsfeld von Avalon, dein blauer Halbmond auf deiner Stirn wird ganz ruhig. Sei präsent im Hier und Jetzt! Sei gesegnet."

Mögen dich der Wohlstand der Großen Mutter und das Licht von Avalon allezeit segnen!

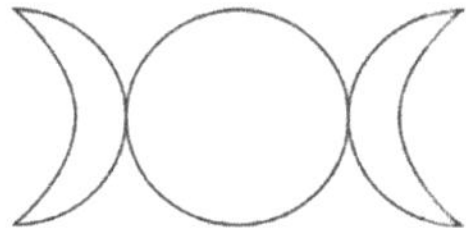

Die Priesterin und der Kontakt zur Erde

Die Erde ist den Priesterinnen vom See ebenso heilig. Auch sie ist ein Ausdruck der Urweiblichkeit, eine Verkörperung der Großen Mutter und somit eine Schwester, eine Verbündete und selbst eine mütterlich nährende Energie- und Kraftquelle. Der Austausch und die Kommunikation mit ihr unterstützen den Kontakt zur Mutterschlange, den Drachenenergien und den Kundalini-Strömen.

Deshalb bitten wir dich, als Priesterin, die du bist, regelmäßig mit deiner Aufmerksamkeit zu deinen Füßen zu kommen und darüber die Verbindung zur Erde zu spüren. Wann immer es für dich möglich ist, vorausgesetzt, es tut dir gut und du fühlst dich dabei wohl, geh ohne Schuhe, also barfuß. Wir laden dich ein, deine Füße zu lieben, ihnen zu danken und sie zu pflegen, erneut auf eine Art, die für dich und deine Füße stimmig ist. Dabei sei dir der engen Vernetzung bewusst, die zwischen ihnen und der Erde besteht.

Wir haben auf unseren Fußsohlen so viele Energiepunkte und -zentren, die Schwingungen von Gaia aufnehmen und an sie abgeben, die aus der Gesamtheit, die wir sind, kommen und die sich wiederum im gesamten System, das wir sind, verteilen. Alles, was wir sind, kommuniziert über unsere Füße mit der Erde. Aus diesem Grund setzen Priesterinnen ihre Schritte bewusst. Erlaube dir, dass sich deine diesbezügliche Wahrnehmung weiterentwickeln und verfeinern darf.

Die Seepriesterinnen sind zum Teil oft und weit gegangen. Dadurch haben sie Spuren hinterlassen, Spuren der Großen Mutter. Der alte Prozessionsweg, der auf den Tor führt, ist solch eine Spur. Wenn wir ihr folgen, gehen wir deshalb automatisch den Weg der Großen Mutter und kommen mit ihr in den Austausch. Vielleicht findest du auch in deiner Nähe – also dort, wo du wohnst – Pfade zu alten weiblichen Kraftplätzen, möglicherweise zu Marien-Wallfahrtsorten oder Ähnlichem. Wenn du möchtest, erkunde sie Schritt für Schritt, auch das sind ursprünglich Wege der Großen Mutter. Es sind Spuren, die von Priesterinnen, Heilerinnen, Seherinnen, Hebammen und weisen Frauen hinterlassen wurden, damit wir ihnen folgen können, um sie weiter zu vertiefen.

Wir bitten dich also noch einmal, sooft wie möglich im Kontakt mit deinen Füßen zu sein und darüber mit der Erde, und diesen Austausch bewusst zu erleben. Selbst wenn du in einer großen Stadt leben solltest und nie deine Schuhe ausziehen magst oder kannst, spüre, dass du, während du dich durch die Straßen bewegst, und sei es nur von einem Parkplatz zu einem Hauseingang, mit Gaia kommunizierst.

Gehen ist für uns heilsam. Deshalb bleiben wir noch ein bisschen bei diesem Thema.

Durch die Schritte, die wir setzen, entstehen Kommunikationslinien und Informationspfade. Wenn ein anderer Mensch uns folgt, nimmt er die Energien auf, die wir dabei dort über unsere Gedanken, Empfindungen und Ausrichtungen abgelegt haben. Wir schaffen Energielinien, sogenannte *Leylines*. Je nachdem, wie unsere energetische Präsenz ist, wie viele Menschen ein und denselben Pfad beschreiten und ob er vielleicht auch entlang einer Erdlinie, einem Erdmeridian oder einer Drachenlinie läuft, ist die Spur, die wir hinterlassen, sehr flüchtig und löst sich schnell wieder auf. Oder sie bleibt und wird zu einem breiten Strom bzw. ist an diesem Weg schon ein breiter Informationsfluss, wodurch er vielleicht zu einem beispielsweise Pilgerweg geworden ist, den wir durch unser Gehen bestätigen und weiter aufladen.

Die Seepriesterinnen wissen um die Macht und die Bedeutung ihrer Schritte und haben diese seit jeher genutzt, um Botschaften zu deponieren, Energien zu lenken und mit Gaia zu kommunizieren. Deshalb bitten wir dich, deine Wege bewusst wahrzunehmen und zu beobachten, wie deine Energien dabei fließen, was du förderst, welchen Spuren du folgst und welche du schaffst. Gleichzeitig verändert das dein Verständnis für Erdströme und für Gaia und ihre Art, mit all ihren Kindern im Austausch zu sein. Alles, was du dabei entdeckst, darfst du in dein Avalon-Tagebuch schreiben, von dem wir in einem vorherigen Kapitel sprachen und das wir dich baten, als dein persönliches Schulungs-Handbuch und Priesterinnen-Buch zu führen. Es darf zu einem Nachschlagewerk deiner Erkenntnisse werden.

Als Priesterin, die du bist, ist die Erde für dich ein gleichwertiges Wesen. Wenn sie dir etwas schenkt, dankst du ihr und gibst ihr etwas zurück, wie beispielsweise über Kristalle, Maiskörner oder Reiskörner, die du verstreust, oder indem du für sie singst und tanzt. Damit bleibt das große Gleichgewicht der Kräfte in Balance. Die Aufgabe jeder Priesterin ist es, unabhängig davon, welcher Schule sie dient, Gleichgewicht zu bringen und zu bewahren. Denn das ist Heilung bzw. das immerwährende Bestätigen des heilen Seins. Darüber wird das Leben, und somit die Quelle, gefeiert. Vielleicht möchtest du für und mit Gaia auch Freudenfeste feiern, die du ganz frei gestalten und zelebrieren kannst? Möglicherweise entsprechend dem Jahreskreis, seinem eigenen Rhythmus folgend?

Gaia drückt sich über die vier Elemente aus, und über das Wirken mit ihnen berühren wir sie und arbeiten mit ihr zusammen. Über die Elemente spricht die Erde zu uns und wir zu ihr, wenn wir es möchten. Nachdem du wahrscheinlich schon viel über die Elemente gehört hast und es vielfältige Literatur und Veröffentlichungen zu diesem Thema gibt, werden wir es hier nur kurz zusammenfassen. Deinen avalonischen Priesterinnenweg zu gehen, führt dich allerdings immer wieder zu den Elementen, auf die du dich einlassen solltest. Deshalb bitten wir dich, dieses als einen lebendigen Teil deines Lebens anzunehmen.

Auch wenn es zu den Elementen manchmal unterschiedliche Zuordnungen geben kann, was für dich durchaus stimmig sein darf, nehmen wir sie in unserem Kontext wie folgt wahr:

Erde:

Unser physischer Körper wird dem Erdelement zugeordnet, dessen Farbe grün ist. Es steht für Stabilität, Verwurzelung, Standfestigkeit, Lebenskraft, materielle Fülle und Wohlstand. Es hilft uns, im Austausch mit unseren Ahnen und Ahninnen zu sein, unseren Platz im Leben zu finden und einzunehmen und das, was uns am Herzen liegt, umzusetzen. Es führt uns in den Kontakt mit beispielsweise Blumenfeen, Baumdevas, Landschafts- und Erddrachen oder Zwergen. Letztere bringen uns in die Kommunikation mit den Kristallen und anderen Bodenschätzen der Erde.

Wasser:

Zum Wasserelement gehört unser Emotionalkörper, der mit Wasser in Resonanz geht. Seine Farbe ist blau. Es fördert den Zugang zu unseren Gefühlen, unserem spielerischen Sein, unserer Kreativität und unserer Lebensfreude. Es hilft uns, immer wieder loszulassen, wodurch Freiheit entsteht, und uns dem unendlichen Fluss des Lebens hinzugeben und uns von ihm tragen zu lassen. Daraus erwächst unser Urvertrauen. Es unterstützt uns, anzunehmen und im Frieden zu sein mit Allem-was-ist, und es beflügelt unsere Fantasie. Dabei begegnen wir zum Beispiel den Meerjungfrauen, Wassermännern, Undinen, Nymphen, Wasserdrachen und Nixen.

Luft:

Unser Mentalkörper wird dem Luftelement zugeordnet, das oft eine weiße Farbe trägt. Es steht für Ausdehnung, unendliche Weite, Auflösung von Begrenzungen und Einengungen, Klarheit und Leichtigkeit und erinnert uns daran, dass das Leben ein immerwährender Tanz ist, und lädt uns ein, mitzutanzen. Es inspiriert, begeistert und motiviert uns, regelmäßig zu neuen Ufern aufzubrechen, weiter zu forschen und zu entdecken und Neues zu lernen – und niemals! stehen, sondern in Bewegung zu bleiben. Über unser luftiges Element kommen wir unter anderem mit den Windwesen, den Luftdrachen und den Sylphen in Kontakt.

Feuer:

Das Feuerelement trägt eine rote Farbqualität in sich und entspricht unserem spirituellen Körper. Es reinigt, klärt und transformiert, sodass das Unwesentliche abfällt und das Wesentliche bleibt. Es drängt uns, uns auszudrücken und zu schöpfen bzw. Schöpfer und Schöpferin zu sein. Unermüdlich fordert es uns auf, die Stimme unseres Herzens, unseres wahren Wesens, zu hören und ihr zu folgen und authentisch und wahrhaftig zu sein. Es führt uns in die Begegnung mit den Feuerelfen, Feuerdrachen und Salamandern.

Du kannst selbst wählen, wie du mit den Elementen wirken möchtest. Doch wir bitten dich, wie gesagt, es immer wieder zu tun, weil der avalonische Weg eng mit ihnen verbunden ist. Es gibt Elemente, die uns vertrauter sind, und andere, zu denen es uns weniger hinzieht, was mit Erfahrungen aus früheren Inkarnationen, unserer Persönlichkeitsstruktur und auch der Aufgabe, die sich unsere Seele für dieses Leben mitgebracht hat, zu tun hat. Das ist in Ordnung. Wichtig dabei ist nur, dass wir grundsätzlich zu allen vier Qualitäten einen Zugang haben und uns bei Bedarf ganz darauf einlassen können. Denn auch die Elemente sind gleichwertig zu sehen und zu verstehen. Sie bilden gemeinsam einen Kreis.

Deshalb kannst du dir, wenn du möchtest, einen Elemente-Kreis gestalten (mit Steinen und sonstigen Gegenständen, die zu Erde, Wasser, Luft und Feuer passen), oder auch malen. Wenn du, je nach seiner Größe, in ihm oder vor ihm sitzt, ihn betrachtest, ihn auf dich wirken lässt und mit ihm meditierst, kannst du die einzelnen Elemente noch besser kennenlernen, mit ihnen und ihren Wesen kommunizieren und darüber auch die Verbindung zu Gaia vertiefen. Über einen Elemente-Kreis ist es möglich, diese Qualitäten an dem Ort, an dem er kreiert wurde, als auch in dir selbst, wenn du ihn für dich geschaffen hast, auszugleichen und bei Bedarf mit allen oder einem in die Aussöhnung zu gehen und den Kontakt zu ihm zu befrieden. Die äußeren Elemente spiegeln unsere inneren wider bzw. unsere Körperfeldebenen. Das Wirken mit ihnen verändert den Energiefluss in unserem eigenen System – äußere Harmonie führt zu einer inneren und umgekehrt.

Um deinen Austausch mit den Elementen und darüber mit Gaia zu intensivieren, kannst du auch, wenn du möchtest, deine eigenen Zeiten festlegen, in denen du dich ganz einem Element zuwendest und ihm widmest. Das kann beispielsweise ein wöchentlicher Rhythmus sein, ein dreimonatiger oder ein Jahresrhythmus, was bedeutet, dass du dich eine Woche (drei Monate, ein Jahr...) mit dem Erdelement beschäftigst, dann eine Woche (drei Monate, ein Jahr...) mit dem Wasserelement usw. Dich darauf einzulassen schafft ein gutes Fundament, es stärkt unsere Basis, erdet und verwurzelt uns, sodass wir es im Laufe unseres Lebens immer wieder tun können. Dabei entdecken wir feinere Ebenen der Elemente, sodass sie uns noch vertrauter werden und wir mehr und mehr eins mit ihnen werden, wodurch wir mit den Kräften der Elemente so zusammenwirken, dass wir sie zum Wohl aller nach und nach immer mehr lenken können.

Die vier Elemente sind die Säulen des Lebens. Über sie findet auch ein enger Austausch mit den Naturwesen statt, die so sehr mit der Geschichte Avalons verbunden sind. Deshalb stellen sie eine Tür hinein in dieses Reich dar. Durch die Arbeit mit ihnen zeigt und öffnet sie sich dir, sodass du hindurchschreiten kannst, was sich über dein Wirken mit den Elementen mehr und mehr entwickelt.

Wenn wir den Weg der Priesterin gehen, ist es wichtig, uns bewusst zu werden, dass wir für alles Leben, das um und mit uns ist, mitverantwortlich sind. Indem wir voll und ganz die Verantwortung für das übernehmen, was wir sind und was unser Herz möchte, nehmen wir diese Verantwortung auch für das an, was an Leben mit und um uns herum ist, was die Erde und alle ihre irdischen und feinstofflichen Kinder miteinschließt.

In den alten Zeiten waren Spiritualität, Politik und Wirtschaft nicht voneinander getrennt. Sie waren eins. Dadurch wurden Zusammenhänge ganzheitlich gesehen, und getroffene Entscheidungen hatten, ebenso langfristig betrachtet, das Wohl aller im Sinn. Es war eine Kreispolitik, und erneut stand im Mittelpunkt, Gleichgewicht zu erschaffen und zu bewahren. Für uns bedeutet das zu erkennen, wie wichtig es ist, dass sich unsere Politik und Wirtschaft ebenso wieder mit einem spirituellen Boden verbinden. Diese Ansätze sind auch erkennbar, wobei es nicht um eine Glaubensfrage geht, sondern um eine Achtsamkeit dem Leben gegenüber und dem, was uns das Leben schenkt. Das gilt aber auch der Erde gegenüber und dem, was sie uns schenkt.

Spiritualität ist religions- und glaubensunabhängig und entspricht vielmehr einer allgemeingültigen, ethisch-wohlwollenden Einstellung zum Leben. Unsere Politik und unsere Wirtschaft sollten also frei von Religion sein, damit nicht bestimmte Interessensgruppen im Vordergrund stehen, sondern alle Glaubensrichtungen ihren Platz haben können, doch sie sollte erfüllt von Spiritualität sein.

Für die Priesterin heißt das, sich bewusst zu machen, dass sie, selbst wenn sie sich dafür nicht interessiert, die Politik und die Wirtschaft mit beeinflusst und mit ihr in Verbindung steht. Das geschieht beispielsweise durch das, was sie sagt, oder nicht sagt, was sie tut, oder nicht tut, und was sie denkt und fühlt. Es gehört mit zum priesterlichen Weg, sich gewahr zu sein (und immer wieder zu werden), wie wir mit unseren Ressourcen, auch jenen der Erde, umgehen, wie und was wir konsumieren und dass wir dadurch das gemeinsame Leben auf Gaia gestalten und verändern. Die Kommunikation mit der Erde und den Elementen verdeutlicht uns das.

So ist es eine Aufgabe der Seepriesterinnen, liebevolle und humorvolle Vorreiterinnen zu sein, um das Bewusstsein für ein harmonisches Miteinander aller Wesen weiter zu entwickeln und Raum nehmen zu lassen.

Zusammenfassend können wir sagen:

Wir bitten dich, deinen Austausch mit Gaia zu pflegen und ihn dir vertraut zu machen. Verbringe Zeit mit dir und in der Natur. Beobachte deine Wege und was du dabei für Spuren hinterlässt, oder welchen du folgst. Wirke mit den Elementen, um sie immer wieder – innerlich und äußerlich – im Gleichgewicht sein zu lassen. Sei offen für den Austausch mit den Naturwesen. Übernimm die Verantwortung für dich, das Leben ganz allgemein und für das, was deine Handlungen im größeren Kontext bewirken.

Die Priesterin weiß, dass Veränderungen zum Leben gehören. Das impliziert auch einen Klimawandel. Denn wir haben im Laufe der Zeiten hier auf Gaia schon viele klimatische Änderungen durchlaufen. Und unsere Reise geht weiter, wodurch es weitere Klimaveränderungen geben wird. Doch wir können und sollen sie mitgestalten, damit sie so sanft wie möglich für alle Wesen sein dürfen. Das ist möglich, wenn wir mit der Liebe, die wir sind, verbunden sind, wenn wir spüren können, dass wir Wesen der Liebe sind, und uns von dieser Liebe führen lassen. Dieses zu erkennen und dem zu folgen ist ebenso eine Aufgabe der Priesterin.

Deshalb bitten wir dich, innezuhalten, dir der Priesterin, die du bist, bewusst zu sein, im Kontakt mit deinem Herzen zu sein und deinen blauen Halbmond zu aktivieren. Sei Teil des avalonischen Schwingungsfeldes und der unendlichen Liebe der Großen Mutter. Dehne es über die Erde und das Zusammenleben aller Wesen in, auf und um ihr aus. So dürfen Harmonie, Frieden und Wohlergehen sein. Dafür danken wir dir. Sei gesegnet.

Mögen dich die Unbeirrbarkeit der Großen Mutter und das Licht von Avalon allezeit segnen!

Gaias Botschaft an dich

„Wir sind Gaia. Wir grüßen dich, geliebte Tochter, geliebte Schwester, geliebte Seepriesterin, die du uns bist. Wir segnen dich. Wir freuen uns, dass du den Weg der Großen Mutter wieder beschreitest. Denn es bedeutet auch, dass du darüber zu einer Hüterin Gaias, einer Hüterin der Elemente und einer Vermittlerin und Botschafterin der Wesen aus dem Naturreich wirst. Du entfaltest dich dadurch zu einer Friedensbringerin und einer Vernetzerin.

Wir sind gekommen, um dich einzuladen, mit uns regelmäßig die Kraft des Lebens zu feiern und zu zelebrieren. Denn das Leben findet immer einen Weg und einen neuen Ausdruck. Es ist ewig. Das ist unsere hoffnungsvolle und hoffnungsbringende Botschaft an die Menschen, die sich durch deine Unterstützung ausbreitet und die Herzen erreichen und berühren kann. Wir bitten dich, über das Schwingungs- und Bewusstseinsfeld der Großen Mutter, in dem wir uns bewegen und zu dem wir gehören, sooft wie möglich einen Liebesraum zu eröffnen und aufzubauen, um alles, was auf uns stattfindet, existiert und passiert, in ihn hineinzugeben und hineinzunehmen. So kann es von der Liebe der Großen Mutter umhüllt und durchdrungen werden und bei Bedarf Heilung und Befreiung finden. Wir danken dir dafür.

Wann immer du mit uns im Kontakt bist, versammeln sich andere unserer Kinder um dich, wie beispielsweise Tiere. Wenn du darauf achtest, wirst du bemerken, wie nahe sie dir kommen und wie sie sich darüber freuen, die Gelegenheit zu nutzen, mit dir kommunizieren zu können. Zu deinem priesterlichen Weg gehört es, dein Herz für sie zu öffnen und auf ihre Botschaften zu achten, die du so im Laufe der Zeit deutlicher und klarer verste-

hen wirst. Das bezieht sich auch auf die Wesen aus dem Reich der Natur. Darüber wächst und fließt deine Liebe noch mehr zu allem, was Teil der Schöpfung ist.

Wisse, dass wir seit Anbeginn unseres Seins, was ebenso der Ursprung des weiblichen Weges, des Weges der Göttin in dieser materiell-irdischen Form gewesen ist, eng mit jenen verbunden waren und sind, die diesen von Anfang an gegangen sind – bis zum heutigen Tag. Sie waren und sind nach wie vor unsere Fürsprecherinnen, Übersetzerinnen und Sprachrohre.

Wir bitten dich, bewusst zu atmen und dich daran zu erinnern, wie du unsere Botschaften übermittelt hast, wozu du sowohl ein Instrument, als auch deine Stimme und deinen ganzen Körper genutzt hast. Deshalb möchten wir dich einladen, dass du das als Seepriesterin, die du bist, wieder tust. Finde dein Instrument und spiele es mit und für uns. Singe und töne, sprich und lach mit und für uns. Bewege dich so, dass darüber unsere Botschaften zu den Menschen fließen. So arbeiten wir wie einst zusammen. Unsere Freundschaft, unsere Partnerschaft vertieft sich. Wir sind ein Team.

Nun erlaube dir, dich als die Priesterin, die du bist, wahrzunehmen. Wir möchten uns dir in den dreifaltigen Ausdrucksformen der Großen Mutter zeigen. Wir wechseln unser Aussehen und erscheinen dir zuerst als junges Mädchen. Dann werden wir zu einer kraftvollen Frau und Mutter, und im Anschluss daran zu einer uralten Weisen, die alles kennt, alles gesehen und erfahren hat und deshalb alles weiß. Auf deinem priesterlichen Weg zeigen wir uns dir immer wieder in einer dieser drei Formen. Achte auf unsere Zeichen. Atme tief ein und aus. Mach dir bewusst, wie du uns jetzt in diesem Moment begegnen möchtest. In dieser Gestalt verweilen wir, um mit dir in der Zwiesprache zu sein. So sind wir mit dir im Austausch, und bei Bedarf findet eine Aussöhnung statt, sodass wir unseren freundschaftlichen Bund erneuern können. Jetzt! Lass dir dafür ein wenig Zeit.

Nun bilden wir mit dir einen Kreis. Er ist unendlich. Wir tanzen mit dir einen Reigen, auch wenn wir nur zu zweit sind. Wir tanzen ihn zu Ehren des Lebens und der Schöpfung, wir tanzen ihn für alles, was es hier auf der Erde, die wir sind, für Lebensformen gibt. Wir sind dankbar, dass wir Gaia sind. Wir gehen alle Entwicklungsebenen der Menschheit mit. Wir stellen uns zur Verfügung, damit die Menschen ihre Erfahrungen machen können, und die Mineralien-, Pflanzen-, Tier- und Naturwesengeschwister helfen ihnen dabei. So gestaltet die Menschheit den Neuen Morgen, das Goldene Zeitalter, erneut. Wir werden weiterleben. Unsere gemeinsame Reise ist noch lange nicht zu Ende. Wir danken dir. Wir sind Gaia. Sei gesegnet, geliebte Tochter, Schwester und Priesterin, die du uns bist. Sei gesegnet."

Mögen dich die Wandlungsfähigkeit der Großen Mutter und das Licht von Avalon allezeit segnen!

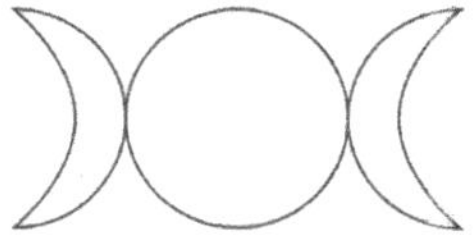

Die Priesterin und die Liebe zu ihrem Körper – Morgana spricht

„Wir sind Morgana. Segen und Willkommen, geliebte Schwester, die du uns bist. Wir grüßen dich im Namen aller Seepriesterinnen und Hohepriesterinnen Avalons. Wir bitten dich, bewusst zu atmen. Schließe kurz deine Augen, um auf deine Art und Weise deinen blauen Halbmond zu aktivieren und in das Schwingungsfeld von Avalon einzutauchen und mit dem Kraftplatz, der das Zentrum und das Herz von Avalon ist, verbunden zu sein. Jetzt!

Wisse, dass die Liebe zu deinem Körper für deinen priesterlichen Weg sehr wichtig ist. Jede sanfte Berührung, jeder freundliche Blick, jede Form der Zuwendung und der Aufmerksamkeit, die du deinem Körper schenkst, stellt bereits einen Ausdruck deiner Selbstliebe dar. Deine Physis ist nicht nur dein Werkzeug, um dich hier auf der Erde bewegen zu können, wodurch du als Priesterin, die du bist, deine Aufgabe erfüllen kannst, sondern er ist ebenso ein Ebenbild der Großen Mutter. Über die Liebe zu deinem Körper bist du ihr nahe, und ihre Weisheit und alles, was sie ist, fließen über ihn in die materielle Welt, deren Teil du bist. Jeder physischer Körper ist einmalig, weil das die Vielfältigkeit der Großen Mutter ausdrückt und zeigt.

Wir bitten dich, die Besonderheiten deines Körpers, die manchmal als Schwächen wahrgenommen werden, zu schätzen. Sie machen ihn zu etwas Besonderem und unterstreichen seine Einzigartigkeit. Er ist grundsätzlich dein Freund und deine Freundin und möchte dich unterstützen. Er tut alles für dich, was ihm möglich ist. Also laden wir dich ein, dieses anzuerkennen und anzunehmen.

Manchmal ist dein Körper wie ein Kind. Er mag es, wenn du ihn sanft berührst, mit ihm sprichst, ihn lobst und ihn motivierst. Zwischendurch benötigt er deine Klarheit und deine Führung, indem du ihn an die Hand nimmst. Denn auch dein physischer Körper kann durch intensive Erfahrungen verunsichert werden, und dann braucht er deinen klaren Zuspruch, um seine Sicherheit wiederzufinden.

Wir laden die Priesterin, die du bist, ein, für ihn Sorge zu tragen. Spüre, was dein physischer Körper mag und was ihm guttut, und stelle es ihm zur Verfügung. Er benötigt beispielsweise seine Pausen und Auszeiten, um sich regenerieren und neu ordnen zu können. Deshalb bitten wir dich, darauf zu achten und während deines Tages immer wieder kleine Pausen einzulegen. Dabei halte inne, lege deine Hand auf dein Herz, spüre den Kontakt zu deinem Körper, nimm ihn wahr und werde dir bewusst, dass du jetzt eine Pause machst. Lass deinen Atem fließen. Erlaube dir, über deinen Körper in das Feld der Großen Mutter einzusinken und in ihr und ihrem Urvertrauen zu baden. Nach einigen Minuten danke der Großen Mutter und deinem physischen Körper, deine Hand löst sich von deinem Herzen, du öffnest deine Augen und setzt deine Arbeit fort. Dein Körper genießt das. Probiere es aus.

Über die Erinnerung, dass dein Körper ein Ausdruck der Großen Mutter darstellt und sie dir über ihn begegnet, erlaube dir, ihn so sein zu lassen, wie er ist. Nimm ihn an und hör auf, mit ihm zu hadern, dich für ihn zu entschuldigen, ihn zu bewerten, zu kritisieren oder über ihn zu jammern. Er ist vollkommen, so, wie er ist – mit all seinen Formen, Themen und auch möglichen Disharmonien.

Dein Körper ist auch ein Spiegelbild der Erde. Unabhängig davon, dass du alle Körperfelder einem Element zuordnen kannst, trägt allein dein physischer Körper alle Elemete in sich, und du findest sie in ihm wieder, wenn du dich ihm zuwendest. Somit ist dein Körper eine kleine Erde. Wann immer du möchtest, kannst du auch deine Hand auf dein Herz legen und zu ihm sagen: „Hallo, kleine Erde!" Dann halte inne und erlebe ihn als kleine Erde. Erfahre, dass es zwischen ihm und Gaia keine Trennung gibt. Über diese Wahrnehmung fällt es dir vielleicht auch leichter, liebevoll mit ihm zu sein. Du kannst erkennen, wie viel Leben in deinem Körper und wie lebendig er ist. Staune, sooft wie möglich, über das Wunder, das dein Körper darstellt, auch bezugnehmend auf die unzähligen Arbeitsabläufe, die er so selbstverständlich erledigt. Das freut deinen physischen Körper, entspannt ihn, und seine Zellen beginnen darüber zu leuchten und zu strahlen.

Wisse, dass es als Priesterin, die du bist, eine deiner Aufgaben ist, andere Menschen zu unterstützen, in einen liebevollen Kontakt mit ihrem eigenen Körper gehen und sein zu können. Das setzt voraus, dass du selbst eine Liebesbeziehung zu deinem physischen Körper hegst und pflegst. Umwirb und verwöhne ihn. Teile ihm auf deine Art und Weise mit, wie sehr du ihn schätzt. Alles, was du für deinen Liebsten, deine Liebste tun würdest, schenke deinem eigenen Körper. Schreibe ihm Liebesbriefe. Überprüfe für dich immer wieder, wie du die Liebe zu dir selbst und deinem Körper zum Ausdruck bringen kannst, und tue dieses. Wir danken dir dafür.

Deinen Körper zu lieben bedeutet auch, dir bewusst zu werden, dass du selbst über ihn bestimmen darfst. Niemand anderer hat das Recht dazu. Er gehört dir und ist dein Instrument.

Die Priesterin ist selbstbewusst. Sie ist in ihrem Körper zu Hause und zieht immer wieder in ihn ein, indem sie sich in ihm und über ihn wahrnimmt. Dazu spürt sie ihre Füße und den Kontakt zur Erde. Sie hat ein Gefühl für ihre Basis, ihr Becken und ihren Bauch, und manchmal zieht sie sich darin zurück, um sich selbst zu nähren und auszubrüten. Die Kommunikation mit ihrem Herzen ist dabei wichtig. Sie vertraut ihrer inneren Stimme, ganz unabhängig davon, was andere dazu sagen.

Die Priesterin hat einen sinnlichen Zugang zur Welt, das heißt, sie nimmt sie über ihre Sinne auf. Sie weiß, dass ihr Körper unendlich weise ist und lauscht nach innen. Sie hört auf ihn und seine Geschichten, und bei Bedarf erzählt sie ihm neue. Sie bewegt ihren Körper regelmäßig auf eine Art, die er mag und die ihm Freude bereit. Sie respektiert und wertschätzt ihren Körper.

Wir bitten dich, deinem Körper jeden Abend dafür zu danken, dass er dich durch die Erfahrungen dieses Tages begleitet und getragen hat, und über ihn danke der Großen Mutter und der unendlichen Kraft des Lebens. Wir sind Morgana. Verabschiede dich aus dem Herzen Avalons, um in deinem Raum und in deiner Zeit zu sein. Löse dich aus dem Schwingungsfeld von Avalon, sodass dein blauer Halbmond ruhig wird. Spüre deinen Körper und nimm ihn wahr. Was möchte er heute tun? Was wünscht er sich? Bleib in der Kommunikation mit deinem Körper oder mit Teilen von ihm, solange du möchtest. Wir segnen dich, geliebte Schwester, geliebte Priesterin, die du uns bist. Wir ziehen uns für den Moment zurück. Sei gesegnet."

Mögen dich die Stärke der Großen Mutter und das Licht von Avalon allezeit segnen!

Die Priesterin liebt das Leben – Botschaft aus dem Naturreich

Atme tief ein und aus. Erlaube dir, mit deiner Aufmerksamkeit in und bei dir zu sein. Über deine Verbindung zum avalonischen Schwingungsfeld und zur Liebe der Großen Mutter bist du eng mit dem Naturreich vernetzt, sodass diese Lichtgeschwister nun Raum nehmen, um dir eine Botschaft zu übermitteln. Ein Feenwesen kommt zu dir und sagt:

„Wir sind Miranda. Wir grüßen dich aus dem Reich der Naturwesen. Wir leben auf dem Tor, in der Nähe eines Baums, der am Rande des alten Prozessionsweges wächst. Wir sind älter als dieser. Doch wir haben seinen Samen dort mit in die Erde gelegt und geholfen, dass er zu keimen und zu wachsen begonnen hat. Wir segnen dich im Namen aller Naturwesen, die in dieser Region leben.

Wir möchten dich daran erinnern, dass die Priesterin, die du bist, das Leben und wie es sich offenbaren kann, als ein Wunder betrachtet. Sie bestaunt es, und daraus entsteht eine tiefe Liebe dafür. Aus diesem Grund bitten wir dich, dass du für dich immer wieder etwas findest, das du bewusst als ein Wunder erkennen, annehmen und sehen kannst, wie beispielsweise eine Blüte, ein Tier, ein Mensch, das Lachen eines Kindes oder deinen eigenen Körper. Darauf richte dich aus, sodass du im Laufe der Zeit in vielem, und letztendlich in allen Lebensformen, Lebendigem und in jedem Organismus etwas Wundervolles entdecken kannst. Nimm wahr, dass daraus ebenso Dankbarkeit, Demut und erneut Liebe erwachsen. So begegne allem, was auf dich zu und zu dir kommt, als das Wunder, das es ist.

Jeder Tag, den du beginnst, darf ein Wunder sein. Sei neugierig wie ein Kind, was er dir für Geschenke überbringen möchte und wird.

Erkenne, dass es eine Voraussetzung ist, von Liebe zum Leben erfüllt zu sein, wenn du für und mit anderen Menschen wirken möchtest. Denn nur so kannst du diese Liebe weitergeben, schenken und vermitteln und in ihnen ihre Selbstliebe und ihre Liebe zum Leben stärken, was wiederum die Selbstheilungskräfte aktiviert.

Wie willst du dem Leben dienen, was deine Aufgabe als Priesterin ist, wenn du es nicht liebst? Wie ihm wertschätzend begegnen? Wie möchtest du ein anderes Wesen und auch dich selbst heilen, wenn du die Kraft des Lebens, die durch euch fließt, nicht liebst? Deshalb liebt die Priesterin das Leben, weil sie ihm sonst nicht dienen kann!

Das Leben zu lieben bedeutet, alle seine Facetten, die Höhen und Tiefen, alle seine Erfahrungsmöglichkeiten, die es anbietet, anzunehmen und in jeder die Schönheit von Vater-Mutter-Gott, dem Schöpfer und der Schöpferin, die es widerspiegelt, zu erkennen. Wir bitten dich, dich darin zu üben. Jeden Tag aufs Neue. Unabhängig davon, wie dein Tagesablauf ist, beginne deine Erlebnisse, Begegnungen, Eindrücke und Empfindungen vermehrt zu bewundern und zu bestaunen, sodass sich eine große Liebe dafür entfaltet. Alles ist Energie. Alles ist ein Ausdruck der unendlichen Schöpfer- und Schöpferinnenkraft. Es gibt nichts anderes. Sie probiert sich aus. Aus diesem Grund kannst du alles bestaunen.

Parallel dazu laden wir dich ein, viel in der Natur zu sein, dich mit den Elementen und darüber mit uns zu verbinden. Denn das fördert die Erkenntnis über und das Erkennen der Wunder des Lebens und das Wachsen der Liebe dazu.

Wisse, dass wir, die Wesen aus dem Naturreich, von dieser Liebe zum Leben durchdrungen sind. Wir sind eins mit ihr. Das ist eins unserer Geheimnisse, weshalb wir zeitlos sind und, linear betrachtet, unsterblich. Denn diese Liebe ermöglicht die Unsterblichkeit. Erkenne, dass wir das Leben feiern und zelebrieren. Wir laden dich ein, es in der Verbindung mit Avalon gemeinsam mit uns ebenfalls zu tun. Beginne es mit deinem Atem zu vereinen, sodass du mit jedem einzelnen deiner Atemzüge das Leben feierst und so atmest, dass es ein Fest für das Leben ist. Erlaube, dass dir das so vertraut wird, dass du gar nicht mehr anders kannst, als das Leben zu zelebrieren und selbst kleine und ganz unbedeutende Alltagshandlungen eine freudvolle und kraftvolle Bedeutung erhalten und von dir gefeiert werden.

Wisse und spüre, dass du, wenn du in allem, was dir begegnet, das Wunder des Lebens wahrnehmen kannst und deine Liebe dafür wächst, es nicht mehr möglich ist, etwas oder jemanden zu bewerten, herabzuwürdigen oder ihm seine Selbstverantwortung abzunehmen. Es wird dir die Kostbarkeit des Lebens bewusst, unabhängig davon, wie es sich ausdrückt.

Das Leben zu bewahren, zu hüten, es zu fördern und anderen Menschen ihre Augen und ihre Herzen dafür zu öffnen, ist deine Aufgabe als Priesterin, die du bist. Darin liegt unsere Freudschaft begründet, und wir helfen dir dabei.

Halte nun einen Augenblick inne und spüre die Kraft des Lebens, die dich durchfließt, die dich atmen, dein Herz schlagen und dich lebendig sein lässt. Werde dir dieses Wunders in dir gewahr und dass du selbst dieses Wunder bist. Jetzt und immer wieder!

Erlaube, dass darüber deine Liebe zum Leben wächst. Jetzt und immer mehr!

Diese Liebe zum Leben verströme. Sie durchdringt dich, fließt aus und berührt das Leben, das um dich ist. Alles um dich ist lebendig und erfüllt von Leben. Es gibt keine Einteilung in gutes oder weniger gutes Leben. Leben ist Leben. Erkenne und begreife. Wir danken dir.

Wir tanzen für dich, damit du diese Liebe zum Leben finden und zum Ausdruck bringen kannst, zu deinem Wohl, zum Wohl der Priesterinnenschaft und des Großen Ganzen. Atme tief ein und aus. Wir teilen die Liebe zum Leben, die wir in uns tragen, mit dir, sodass du sie tief in dich aufnehmen und zu deiner machen kannst. Jetzt!

Spüre sie und nimm sie wahr. Möge sie dir das vermitteln, was Worte nicht können und unsere Bedingungslosigkeit unseres Seins gegenüber dem Leben ausdrückt. Wir sind Miranda.

Bewege unsere Worte in deinem Herzen und lebe auf deine Art und Weise danach. Liebe das Leben.

Die Priesterin liebt das Leben!

Wir segnen dich im Namen unseres Volkes mit seiner Magie und der Hingabe an das Leben, das für uns ein einzigartiges Fest ist – immer. Wir ziehen uns für den Moment zurück. Wenn du möchtest, lade uns ein, sodass wir dich an die Liebe des Lebens erinnern und dich dabei unterstützen können, sie für dich zu finden und weiterzuentwickeln. Sei gesegnet."

Mögen dich die Behutsamkeit der Großen Mutter und das Licht von Avalon allezeit segnen!

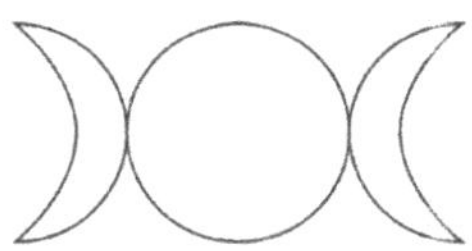

EGOn

Nun kommen wir endlich zu EGOn.

Wer ist also dieser hübsche Kerl an deiner Seite, der immer zur Stelle ist, unabhängig davon, ob man ihn braucht oder ihn gerufen hat, oder nicht. Er ist einfach da. Ja, EGOn ist deine Persönlichkeit. Er ist bunt und hält sich für etwas sehr Außergewöhnliches und glaubt, dass es ohne ihn nicht geht, womit er nicht ganz unrecht hat.

Denn unsere Persönlichkeit ist der Rahmen, über und durch den sich unsere Seele, unser wahres Wesen, ausdrücken kann. Ohne diesen wäre es ihr nicht möglich. Er bietet ihr eine Form, denn die Seele selbst ist formlos. Deshalb ist ihr die Persönlichkeit wie ein Gefährt, das sie nutzen kann. (Da der Begriff Seele unterschiedlich verwendet wird, ist es vielleicht wichtig zu erläutern, dass wir hier unser wahres, ewiges, immerwährendes, zeitloses und unverletzbares Wesen, das wir sind, unsere göttliche Essenz, meinen. Falls du dafür ein anderes Wort wählen möchtest, ist das sehr gut möglich.) Um also aus der Unendlichkeit der Quelle etwas zu schöpfen und das Geschöpfte wahrnehmen zu können, benötigt es eine Struktur. Das ist das, was das Ego eigentlich ist. Nicht mehr, und nicht weniger.

In früheren Zeiten sprachen wir, bezugnehmend auf unseren spirituellen Weg und die Erweiterung unseres Bewusstseins, von einer Transformation und Auflösung unseres Egos. Das war das Ziel. Doch das führte zu Missverständnissen, wodurch EGOn zu etwas Schlechtem degradiert wurde, gegen das man ankämpfen sollte. Dabei übersahen wir, dass wir ihn für unsere Entwicklung benötigen. Wenn wir unser Ego auflösen würden, hieße dass, unseren Rahmen, unsere Struktur und unsere Persönlichkeit aufzulösen. Wir könnten uns nicht mehr erfahren, wir würden nur noch *sein*. Wir wären sozusagen ganz in die Quelle zurückgekehrt, was wir auch irgendwann wieder sein werden – direkt in der Quelle. Die Quelle hat kein Ego. Sie besteht aus einem unbegreiflichen, unbeschreiblichen und unaussprechlichen inneren Kern, der gleichzeitig überall und alldurchdringend ist. Hier gibt es nur unendliches, formloses Sein. Es ist nicht möglich, sich mit etwas zu identifizieren, weil nichts da ist, womit man sich identifizieren könnte, und deshalb existiert in dieser Ebene keine Struktur, nicht einmal ein Wort, ein Gedanke oder ein Gefühl. Das ist unser Ursprung. Hier ist nur Stille. Das ist das Innerste der Quelle.

Sie hat einen sogenannten Vorhof. Das ist eine sehr unpersönliche Schwingungsqualität, die als „BIN" pulsiert. Über sie können wir wahrnehmen, was die Quelle alles sein kann, was sie in sich trägt, sie zeigt ihr gesamtes Potenzial, alle ihre Möglichkeiten, ob sie jemals in die Form gekommen sind oder nicht, bzw. ob sie es werden oder nicht, spielt dabei keine Rolle. Hier können wir alles, was geschöpft werden kann oder könnte, finden, und das ist ebenso unendlich viel. Auch in diesem Feld gibt es keine Rahmen, keine Strukturen, keine Persönlichkeiten und somit keine Identifikationsmöglichkeiten, obwohl es aufzeigt, was alles sein könnte. Hier gibt es die Idee von EGOn, doch er selbst ist noch nicht da.

Zum Vorhof der Quelle gehört noch eine Schwingungsqualität. Sie ist der Schritt in die Schöpfung und pulsiert als „ICH BIN". Jetzt wird etwas aus der Unendlichkeit der Möglichkeiten in eine Form gebracht. Es wird sichtbar. Ein Rahmen, eine Struktur, eine Persönlichkeit wird aus der Quellenenergie kreiert, den und die sie durchdringt, ausfüllt und umhüllt. Das ist der Schöpfungsprozess, der unser Universum entstehen ließ und nach wie vor entstehen lässt. So wurden wir geschöpft, und so schöpfen wir – beides findet parallel statt. Es ist eine Geburt und ein dynamischer Akt. So wird etwas in das Universum gebracht. Happy Birthday, EGOn. Das ist auch seine Geburtsstunde. Also jede Schöpfung benötigt einen Rahmen, damit sie in die Form kommen und sichtbar sein kann, und hat somit ein Persönlichkeitsfeld, eine Persönlichkeitssignatur, einen kleineren oder größeren EGOn.

Im Kontakt mit unserem „Ich" möchten wir es also nicht „auslöschen" oder „weghaben", sondern seine Ausdrucksweisen besser kennenlernen, sodass unsere Seele EGOn führen kann und nicht umgekehrt, er unser Leben und unsere Verhaltensweisen bestimmt. EGOn schenkt uns auch eine große Lebenskraft, denn er möchte überleben und lässt uns dadurch auch so viel überstehen. Dass es ihm dadurch manchmal schwerfällt, loszulassen und sich ein bisschen hinten anzustellen, ist durchaus verständlich und nachvollziehbar.

Ein Hauptteil unserer Aufgabe als Priesterin, die wir sind, ist es, unseren ganz persönlichen EGOn zu entdecken und zu erforschen und ihn, wie gesagt, von unserem wahren Wesen an die Hand nehmen zu lassen. Das hört nicht auf, sondern erreicht im Laufe der Jahre und Jahrzehnte immer tiefere, feinere und subtilere Ebenen (zumindest sollte es das, sonst hat uns unser EGOn ausgetrickst ☺). Das, was EGOn so viel Macht gibt, ist unser Festhalten an unseren Identifikationen mit dem, was wir glauben zu sein und nicht zu sein. Diese laufend zu relativieren und loszulassen gehört mit zu unserem Weg.

EGOn ist klug und schnell. Er weiß alles, und zwar sofort. Er hat immer eine Erklärung, immer eine Entschuldigung parat. Deshalb übernimmt er auch so schnell die Führung, ganz unerwartet, ohne dass es uns auffällt. Wir dürfen uns darin üben, diese Unterscheidungsfähigkeit zu entwickeln. Wenn wir uns verletzt fühlen, ist EGOn mit dabei, denn unsere Seele kann nicht verletzt werden und unsere Priesterin auch nicht, weil sie eins ist mit unserem wahren Wesen. Wenn wir uns rechtfertigen, verteidigen, andere bewerten und kritisieren, wenn wir uns über andere stellen, besser sind als sie, schneller, weiter, reifer, klüger, reicher – oder wenn wir uns ihnen unterordnen, weil sie kraftvoller, weiser, wichtiger, erfolgreicher, glücklicher, schöner – sind als wir, oder wenn wir beispielsweise Angst verspüren, meldet sich EGOn zu Wort.

EGOn ist ein liebenswertes Wesen und meint es wirklich gut, doch leider steht er sich manchmal selbst im Weg, und dadurch uns. Hier benötigen er und wir viel Selbstliebe, Gelassenheit, Geduld und Humor.

Unsere Lernaufgabe besteht also darin, uns selbst zu reflektieren, und zwar bezugnehmend auf alle Lebenssituationen.

Woher kommen meine Motivation und mein Impuls – aus EGOn oder aus meinem wahren Wesen –, etwas zu tun, nicht zu tun, zu sagen, nicht zu sagen, zu fühlen, zu denken, zu handeln, oder nicht? Und auch hier kann unser lieber EGOn wieder einmal so schnell sein und uns vermitteln, dass das natürlich alles aus unserem Herzen und dadurch aus unserer innersten Essenz stammt, dem wir gerne Glauben schenken. Doch eigentlich hat er seine Finger mit im Spiel. Er kann sehr überzeugend sein. Wobei das auch eine Stärke und eine Kraft ist, die wir, wenn unser wahres Wesen ihn führt, nutzen können, um viel auf die Erde zu bringen und auf ihr zu bewegen.

Wir bitten dich also, deinen EGOn kennenzulernen, dich zu beobachten, zu reflektieren, deine Verhaltensweisen und -muster zu entdecken (womit gehst du in Resonanz?) und darüber zu schmunzeln. Wenn du deinen EGOn gefunden hast, dann nimm ihn in deine Arme und immer wieder in dein Herz. Die Priesterin, die du bist, darf ihm die Hand reichen und ihm sagen, dass ihr gemeinsam weitergehen werdet. Im Anschluss daran bleib in diesem liebevollen Kontakt zu deinem EGOn und in deiner Selbstbeobachtung, die nicht aufhört. Der Weg der Selbstreflexion darf Freude bereiten, und du kannst neugierig auf EGOn sein. Mit ihm wird es nie langweilig. Er ist so facettenreich. Unsere Persönlichkeit ist so facettenreich. Lassen wir uns doch darauf ein, denn das bringt uns in unsere Mitte, in unser Herz und dadurch nach Avalon. Diese Selbsterforschung ist das größte Abenteuer auf unserem spirituellen Fortschreiten.

Mögen dich die Geduld der Großen Mutter und das Licht von Avalon allezeit segnen!

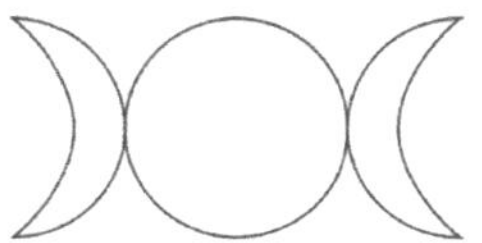

Die Priesterin nährt

Alles, was mit dem Thema Nahrung, Ernährung und Nähren zu tun hat, ist für die Priesterin wichtig, denn es liegt in den Händen der Großen Mutter. Sie schenkt uns Nahrung und nährt uns.

Viele Jahre gehörte es zu den Aufgaben der jungen Priesteranwärterinnen, sich um die Nahrungsbeschaffung und -zubereitung zu kümmern und die Seepriesterinnen zu nähren. Das war und ist Teil der Ausbildung.

Wir möchten hier keine Ernährungsrichtlinien vorgeben und empfehlen, weil es so viele verschiedene Möglichkeiten und Ansätze zu diesem Themenkomplex gibt. Jeder Mensch ist einzigartig, auch aufgrund seiner Lebensumstände, seiner körperlichen Grundkonstitution und der Erfahrungen, die in ihm gespeichert sind und die gewisse Vorlieben oder Unverträglichkeiten mit sich bringen können, sodass nur jeder für sich selbst entscheiden kann, was für ihn weniger bekömmlich ist oder ihm guttut und ihn nährt. (Und zwischen dem Wissen und dem Spüren, was die für uns stimmigste Nahrungsaufnahme wäre, und dem, wie wir danach handeln, kann auch noch einmal ein Unterschied sein, so, wie das manchmal zwischen Theorie und Praxis der Fall ist. ☺)

Auf jeden Fall bitten wir dich, bei diesem Thema auf deinen Körper und deine innere Stimme zu hören und ihm bzw. ihr zu vertrauen. Genauso ist es bedeutsam, dass wir uns vor Verallgemeinerungen hüten und uns mit Tipps zurückhalten, wenn wir mit anderen Menschen über das Nahrungsthema sprechen. Wir können zwar unsere eigenen Erfahrungen teilen, doch es sind und bleiben nur unsere, die nicht auf andere übertragen werden sollten. Sie dienen lediglich als Motivations- und Inspirationshilfe für andere, damit diese für sich entdecken können, was für sie stimmig ist und ihnen guttut.

Sagen können wir nur, dass der Ernährungstrend sich zur Zeit deutlich dahingehend verändert, dass der Einzelne, soweit es für ihn möglich ist, viel Gemüse, etwas Obst, wenig bis kein Fleisch, mäßig Kohlenhydrate, kaum Zucker und ausreichend Eiweiß zu sich nehmen „sollte", wobei vermehrt das Augenmerk auf biologische, regionale, im Anbau ressourcenschonende und aus tierfreundlicher Haltung kommende Produkte gelegt werden könnte. Damit einhergehend finden sich immer mehr Initiativen und Vereine, vor allen Dingen in ländlicheren Bereichen (wie bei uns in Tirol), die Acker- und Feldparzellen an Privatpersonen verpachten, damit diese dort ihr eigenes Gemüse anbauen und ernten können. Genauso nehmen die Angebote für die Direktvermarktung von Bauern wie auch für den Lieferservice von Biogemüsekisten zu.

Unabhängig davon dürfen wir der Großen Mutter für jede Form der Nahrung, die es gibt und die wir zu uns nehmen dürfen, danken und diese, bevor wir sie essen, segnen. Wenn wir das tun, verändern wir nicht nur die Qualität und die Energie dessen, was wir uns zuführen möchten, sondern wir halten dadurch auch noch einmal inne, wodurch wir leichter ins Hier und Jetzt kommen und uns bewusst werden, *dass* wir und *was* wir essen. Es hilft, langsamer zu speisen und besser zu kauen, was, wie wir wissen, beides sehr gesundheitsfördernd ist und in unserem häufig stressigen Alltag manchmal untergeht. So bietet sich auch die Nahrungsaufnahme als Übungsfeld an, um es bei Bedarf wieder zu kultivieren.

Wenn wir uns als Priesterin diesem Thema zuwenden, können wir uns folgende Fragen stellen:

- Wie ernähre ich mich?
- Was nährt mich (meinen physischen Körper, mein Inneres Kind...)?
- Wie esse ich?
- Wann?
- Wie oft?
- Womit beschäftige ich mich möglicherweise beim Essen?
- Was lese ich dabei?
- Was höre ich?
- Welche Gespräche führe ich?
- Welche Gedanken flitzen dabei durch meinen Kopf?
- Gibt es etwas, das ich an meinem Essverhalten oder meinen Essgewohnheiten gerne verändern möchte?
- Wie kann ich das tun, oder was benötige ich, um es zu wandeln?
- Kann die Art, wie ich esse, ein Gebet oder ein Lied für die Große Mutter sein, bzw. wie würde ich dann meine Nahrung zu mir nehmen, vorausgesetzt, ich möchte das?
- Kann ich jedes Essen, selbst ein kleines oder einen Snack zwischendurch, genießen und zu einem Gaumenschmaus und einem Fest werden lassen?

Wir wissen, dass wir das Thema Nahrung nicht nur auf die physische Ebene reduzieren können. Wenn wir also weitere Facetten davon mit einbeziehen, könnte uns das zu weiteren Fragen führen:

- Welche Energien nehme ich beim Essen bzw. über das Essen mit auf?
- Welche bevorzugten Farben hat meine Nahrung?
- Kann ich spüren, wie sich ihre Schwingung beim Essen auf mich überträgt und wie sie wirkt?
- Kann ich, wenn ich etwas kaue und schlucke, wahrnehmen, wie sich seine Energie in mir ausdehnt, wohin sie fließt und was sie in mir bewirkt?

Wir können, bevor wir zu speisen beginnen, unsere Nahrung auch darum bitten, was sie in uns fördern und vertiefen soll. Dann wird sie in dieser Richtung schwingen und wirken.

Bei diesem Thema geht es also nicht nur um die physische Nahrung, sondern es gilt, ganz allgemein zu beobachten und zu erkennen, was uns nährt, unterstützt und guttut bzw. wohin unsere Energie fließt, und was wir darüber bewirken oder mittragen.

- Was nährt mich noch? Meine Partnerschaft? Meine Familie? Meine Arbeit? Mein Arbeitsplatz? Meine Freunde und Freundinnen? Meine Freizeitaktivitäten? Meine Träume und Visionen? Meine Haustiere oder Tiere ganz allgemein? Die Natur? Die Räume, in denen ich lebe? Die Menschen, die in meiner Umgebung sind?
- Welche Schwingungsfelder und Qualitäten tun mir gut und machen mir Freude? Welche Filme, Bücher? Welche Musik? Welche Orte?
- Wie kann ich das, was mich mit Energie versorgt, noch mehr in mein Leben bringen? Wie kann ich das, was mir nicht mehr förderlich ist, verabschieden, loslassen und verändern?

Da das Nähren viel mit der Fähigkeit, annehmen zu können, zu tun hat, geht es dabei auch um die Fragen: Kann ich annehmen? Was kann ich annehmen und von wem? Kann ich mich hingeben? Kann ich mich tragen, fallen und einlassen?

Nahrung und Nährendes aufnehmen zu können hängt mit dem Thema Vertrauen zusammen. Kann ich vertrauen? Wie groß ist mein Vertrauen in das Leben? In mich selbst? In die Quelle und in die göttliche Führung? In meinen Körper? Wem vertraue ich? Fällt es mir leicht, zu vertrauen?

Weitere Aspekte sind und zusätzliche Fragen können sein:

- Nährt mich die Große Mutter?
- Das Schwingungsfeld von Avalon?
- Die Mutterschlange?
- Gaia?
- Das Reich der Naturwesen?
- Kann ich mich selbst nähren, wenn ich mich mir zuwende und beispielsweise erneut meine Hand auf mein Herz lege?
- Wie fühlt es sich an, wenn ich mich selbst nähre?
- Kann ich andere nähren und für andere Nahrung sein? Wen oder was nähre ich, wo, wie und in welchen Kontexten? Kann ich dabei im Gleichgewicht zwischen Geben und Annehmen sein? Was kann ich tun, um diese Balance immer wieder neu entstehen zu lassen?

Bezugnehmend auf das Nähren von anderen Menschen oder Orten, Tieren, Räumen, Projekten... können wir immer wieder überprüfen, in wieweit es nach wie vor für uns stimmig ist oder möglicherweise überholt, wodurch es Zeit wäre, etwas zu verändern.

- Übernehme ich dabei für andere möglicherweise zu viel Verantwortung? Und wenn ja, wie kann ich sie zurückgeben und bei ihnen lassen? Was brauche ich dafür?
- Was oder wen möchte ich nähren? Was ist mir diesbezüglich ein Herzensanliegen? Auch bezugnehmend auf kollektive Themen oder globale Entwicklungen?
- Nähre ich die Manifestation und die Ausdehnung des Neuen Morgens? Und wenn ja, in welcher Form?

Als Priesterin nähren wir uns also selbst, lassen wir uns nähren und schenken auch anderen und anderem Energie, damit sie oder es wachsen und gedeihen kann.

Die Brust ist unser Körperteil, der das Nähren repräsentiert. Deshalb bitten wir dich, deine Wahrnehmung von und deine Beziehung zu ihr zu erforschen. Wie fühlen sich deine Brüste für dich an? Was assoziierst und verbindest du mit ihnen? Magst du sie? Was erzählen sie dir, wenn du ihnen zuhörst – ganz allgemein und bezugnehmend auf das Thema Nähren, auf deinen Kontakt zu deiner Mutter bzw. deinen Müttern und zu deiner weiblichen Ahnen- und Ahninnenreihe? Berühre sie immer wieder sanft und tue ihnen Gutes. Häufig genießen sie es, wenn sie von rosagoldener Energie der Selbstliebe und der Selbstannahme durchströmt werden, die du über deine Hände, die du behutsam auflegst, einfließen lassen kannst. Das fördert in dir ebenso ein Gleichgewicht zwischen Geben und Annehmen, falls du die Tendenz haben solltest, mehr für andere und anderes zu tun, als für dich selbst. Da die Seepriesterinnen in einem guten Austausch mit ihrem eigenen Körper sind, schließt das auch ihre Brüste mit ein.

Dich zu nähren oder genährt werden zu können steht in Beziehung zu deiner inneren Mitte und wie du sie wahrnimmt.

Das dazugehörige Organ ist die Milz, die zusätzlich für Lebensfreude, Lebendigkeit und Leichtigkeit steht. Sie freut sich über jede Aufmerksamkeit, die sie bekommt. Deshalb kannst du deine Hände auch, wann immer und sooft du möchtest, auf deine Milz legen, sie begrüßen, dich auf sie einlassen und ihr die Farben und Qualitäten zufließen lassen, die ihr guttun und sie sich wünscht. Darüber stärkst du deine Mitte.

Wenn Menschen gefragt werden, wo sie die Mitte in ihrem Körper und in sich spüren, können wir unterschiedliche Antworten erhalten, wie zum Beispiel: das Herz, den Solarplexus oder den Becken- und Basisraum. Deshalb bitten wir dich, innezuhalten und in dich hineinzuspüren, wo du deine Mitte wahrnehmen kannst, was und wo für dich deine Mitte ist? Wie fühlt sie sich an, und wie zeigt sie sich dir? Wie kannst du sie bei Bedarf nähren?

Unabhängig davon, was du für dich bezüglich deiner Mitte entdeckt hast, laden wir dich nun ein, deine Hände auf deinen Unterbauch zu legen. (Wenn wir etwas berühren, fließt unsere Aufmerksamkeit automatisch dorthin, deshalb hilft uns das Auflegen unserer Hände, weshalb wir sie so oft mit einbeziehen.) Nimm deinen Becken- und deinen Basisraum wahr. Spüre deine Wurzeln und deinen Kontakt zur Erde und zu deinen Ahnen und Ahninnen, die Teil deines Fundaments sind. Sinke über deinen Atem in dich hinein. Komm in deinem Becken- und Basisraum an, so, als würdest du mit allem, was zu dir gehört, darin Platz nehmen und sein.

Das ist auch eine Form, um in deiner Mitte anzukommen und zu sein und sie gleichzeitig zu stärken. Bleib, solange du möchtest, in deinem Becken- und Basisraum. Atme die Geborgenheit und die Sicherheit ein und verströme sie in dir, die von diesem Ort in dir ausgehen und die du hier finden kannst. Lass dich von dir selbst nähren, indem du in dieser deiner Mitte, in der Liebe deines Becken- und Basisraumes, der Liebe der Erde und deiner Ahnen und Ahninnen badest. Genieße dein Sein in dir und deiner Mitte. Es lässt dein Vertrauen in dich und in das Leben wachsen. Abschließend atme tief ein und aus. Deine Hände dürfen über deinen Unterbauch streicheln, deinen Basis- und deinen Beckenraum segnen und sich dann von ihm verabschieden. Spüre deinen ganzen Körper und schließe die kleine, nährende Übung, die du, so oft du möchtest, wiederholen kannst, auf deine Art und Weise ab.

Es gibt also unzählige Möglichkeiten, um uns zu nähren, bzw. uns mit diesem Thema zu beschäftigen, das ein sehr essentielles auf unserem Priesterinnenweg ist. Die Fähigkeit, sich selbst gut zu nähren und zu umsorgen, löst viele Disbalancen auf der physischen wie auch auf der emotionalen und mentalen Ebene auf. Es ist so heilsam. Deshalb bitten wir dich, dich immer wieder auf den Nahrungsaspekt einzulassen, selbst wenn du es schon oft getan hast. Wir danken dir dafür. Die Priesterin, die du bist, nährt, und darüber ist sie erneut mit der Großen Mutter eins, genauso wie mit der Erde und der Kraft des Lebens. So geht sie den urweiblichen Weg.

Mögen dich die Zuversicht der Großen Mutter und das Licht von Avalon allezeit segnen!

Heilige Rhythmen

Wir folgen unzähligen Rhythmen. Jeder von ihnen ist letztendlich ein Kreis. Sie zu erkennen, bewusst zu leben, zu zelebrieren und zu fördern gehört zum weiblichen Weg. Deshalb bitten wir die Priesterin, die du bist, die Bedeutsamkeit von Rhythmen anzunehmen und mit ihnen zu wirken. Dazu gehört, dass die Seepriesterinnen ihren eigenen Zyklen und Kreisen folgten und folgen, wobei der Mond eine besondere Rolle spielt(e). Doch zuerst lassen wir uns allgemein auf dieses Thema ein, bevor wir uns speziell dem Mond zuwenden, denn die avalonischen Priesterinnen waren und sind auch Mondpriesterinnen, was der blaue Halbmond auf ihrer Stirn bestätigt.

Unser physischer Körper hat seinen eigenen Rhythmus. Das spiegelt sich beispielsweise im sogenannten Biorhythmus oder in der Erneuerungsfähigkeit der Zellen wider. Es gibt die Lerchen und die Nachteulen, das heißt: die Menschen, die morgens leicht und putzmunter aus dem Bett hüpfen, und die LangschläferInnen. Während des Tages haben wir unsere aktiven Phasen und jene, in denen wir spüren, dass unsere Konzentration nachlässt, dass ein Päuschen angesagt wäre oder wir einen Energiekick benötigen, um weitermachen zu können. Innerhalb eines Monats durchlaufen wir viele verschiedene Zyklen, genauso wie während eines Jahres und unseres gesamten Lebens.

Es gibt äußere Rhythmen, bedingt durch Umstände und Situationen, wie zum Beispiel Tag und Nacht, oder unsere Arbeit, und davon abhängig wo, wie und mit wem wir leben. Und es gibt innere Rhythmen, die unserer eigenen individuellen Natur entsprechen. Manche Zyklen sind beispielsweise durch unsere Arbeit , unsere Freizeitbeschäftigungen und Vorlieben geschaffen worden, also mehr oder weniger bewusst, und einige stellen natürliche Rhythmen dar, wie etwa der Jahreskreis mit seinen Monaten. Zusätzlich gibt es noch globale und kosmische Rhythmen, wie Zeitalter, Mondphasen und Sternenbewegungen und natürlich persönliche. Jeder Einzelne von ihnen ist ein heiliger Kreis bzw. Kreislauf und stellt somit eine Spiralbewegung dar.

Wir bitten die Priesterin, die du bist, dir aller zyklischen Bewegungen, nach denen du lebst, bewusst zu werden. Als Nächstes erkenne deine inneren Zyklen, die deinem eigenen Wesen entsprechen, und überprüfe, inwieweit du ihnen Raum geben und ihnen folgen kannst, oder ob du dich vermehrt an den Rhythmen anderer orientierst. Denn für unser Wohlbefinden ist es wichtig, dass wir unseren persönlichen Rhythmen nachgehen, die häufig eingebettet in die natürlichen, globalen und kosmischen sind. Die Seepriesterin, die du bist, ist mit ihren = deinen individuellen Zyklen vertraut und lebt nach ihnen.

Manchmal ist es nicht so leicht, seinen eigenen Rhythmen, selbst wenn man sie kennt, zu folgen, aufgrund der Aufgaben und Verpflichtungen, die wir zu erfüllen haben. Doch der erste Schritt dorthin ist es, sie überhaupt erst einmal zu erkennen und zu spüren. Deshalb laden wir dich ein, dir immer wieder die Zeit dafür zu schenken, um sie für dich zu entdecken, und – wann immer es dir möglich ist, vielleicht im Urlaub oder in Auszeiten, die du dir gönnst – dich danach zu bewegen und mit ihnen zu fließen. Sie gehören zu deinem ganz individuellen, kosmischen Lebenstanz.

Den avalonischen Weg begleiten die Jahreskreisfeste, die für die Seepriesterinnen wichtige und besondere Ereignisse waren. Sie feiern sie noch heute. Vielleicht tust du das bereits oder möchtest damit beginnen? Du kannst sie in der Verbindung mit dem avalonischen Schwingungsfeld und der Großen Mutter allein, mit deiner Familie, mit Freundinnen und Freunden oder mit anderen Priesterinnen zelebrieren.

Die Hauptfeste, die du frei gestalten kannst, sind:

Samhain: 31. 10. – 01. 11.

Es ist ein Ahnen- und Ahninnenfest, wo der Austausch und die Kommunikation mit ihnen im Vordergrund stehen. Gemeinsam mit ihnen dankt man für das, was war, lässt das los, was nicht mehr benötigt wird, und feiert mit ihnen den Beginn eines neuen Jahreszyklus. Die Themen sind Tod und Wiedergeburt.

Yule: 21. 12. – 22. 12.

Zur Wintersonnenwende werden die gebärfähige Kraft der Mütter und die Geburt des Lichts/des Lichtkindes zelebriert. Die Samen für die weiteren Monate werden gesät und zum Keimen gebracht, auch wenn sie noch verborgen im Schoß der Urweiblichkeit in der Stille und in der Dunkelheit ruhen.

Imbolc: 02. 02. – 03. 02.

Das Lichtkind, das zum Yulefest geboren wurde, wird der Welt gezeigt. Die Umsetzung und das, was an Visionen und Träumen nach außen getragen wird, beginnen langsam. Es ist Zeit, die Energien wieder vermehrt in äußere Aktivitäten einfließen zu lassen. Das Erwachen aus dem Winterschlaf beginnt. Es geht um Reinigung, Klarheit und Neubeginn.

Ostara: 21. 03. – 22. 03.

Der Frühlingsbeginn wird gefeiert. Die immer wiederkehrende Kraft des Lebens, und dadurch seine Unendlichkeit, steht im Mittelpunkt. Wir richten uns darauf aus, was wir in den kommenden Monaten wachsen und gedeihen lassen möchten und schaffen den entsprechenden Boden dafür. Es ist ein Fest der Lebensfreude, der Kreativität und der Lebendigkeit.

Beltane: 30. 04. – 01. 05.

Die Fähigkeit, neues Leben zu empfangen, das Leben zu genießen und mit allen Sinnen in sich aufzunehmen, das Gleichgewicht der weiblichen und männlichen Energien zu spüren, wird zelebriert. Es ist das Jahresfest der Fruchtbarkeit und der Kraft. Können wir das Pulsieren unserer Lebenskraft fühlen, und wofür möchten wir sie einsetzen?

Litha: 21. 06. – 22. 06.

Wir nehmen wahr, wie viel Licht um uns ist und dass wir aus dem Licht kommen, Licht sind und ins Licht zurückkehren werden. Dieses Licht feiern wir. Dabei danken wir für die Fülle der Möglichkeiten, aus der wir schöpfen können, und dafür, wie viel Energie uns zur Verfügung steht und welch kraftvolle Wesen wir sind. Wir werden uns bewusst, was wir in den nächsten Wochen noch vollenden oder umsetzen und initiieren möchten. Wir tanzen voller Leichtigkeit und Kraft durch das Leben.

Lammas/Lughnasadh: 02. 08. – 03. 08.

Die Erntezeit beginnt, und somit sagen wir Danke für alle Geschenke, die wir jetzt erhalten und in den vergangenen Monaten schon bekommen haben. Kräuter werden gesammelt und gesegnet. Das Thema Nahrung und das, was uns genährt hat und nähren wird, stehen im Vordergrund. Es ist ein Fest der Standortbestimmung, um mögliche Kurskorrekturen vorzunehmen.

Mabon: 21. 09. – 22. 09.

Wir teilen unsere Fülle und unseren Reichtum. Wir sind erneut dankbar für das, was wir bekommen haben, und segnen die Erde, die Menschen, uns selbst und alles, was uns begegnet und in den Sinn kommt. Die Zeit des Loslassens beginnt, und wir fangen an, das Wesentliche vom Unwesentlichen zu unterscheiden und uns dementsprechend zu fokussieren. Die Aufmerksamkeit geht nun deutlich wieder nach innen und zu inneren Prozessen. Anlässlich dieses Festes beschäftigen wir uns mit unserer Basis, unserem Fundament, unserem Wohlstand und unserer Gesundheit – mit der Erde, die wir sind.

Es gibt mittlerweile so viele Veröffentlichungen zu den Jahreskreisfesten, dass du auch darüber zahlreiche Anregungen findest, wie du sie zelebrieren kannst. Manchmal sind die Terminangaben etwas unterschiedlich, was unter anderem daher kommt, dass man sie früher nicht an einem bestimmten Tag gefeiert hat, sondern die entsprechenden Mond-, Sonnen-, Knospen-, Blüten- und Wachstumsstände beobachtet hat. Ich persönlich mag nach wie vor das Buch von Brigitta de las Heras: *Die Reise durch den Jahreskreis, Rituale, Phantasiereisen und Tänze zu den 8 Jahreskreisfesten* aus dem Schirner Verlag sehr gerne. Zusätzlich gibt es in Wien eine kreative Göttin, die Andrea Dechant heißt und wundervolle Göttinnenbilder malt, Ebooks veröffentlicht und unendlich viele Informationen zum Thema „Göttinnen" auf ihrer Seite zusammengetragen hat, die sehr inspirierend zu den Jahreskreisfesten und das Wiederentdecken der weiblichen Kraft sind:

https://artedea.net

Wir wünschen dir viel Freude beim Feiern der Feste und dem Entdecken von und Wirken mit den heiligen Rhythmen.

Mögen dich die unbändige Lebenskraft der Großen Mutter und das Licht von Avalon allezeit segnen!

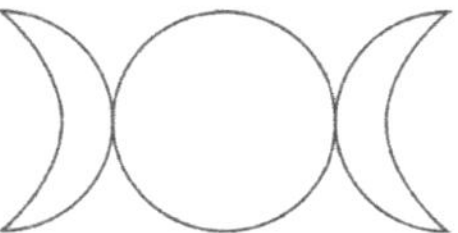

Mondmagie

Der Mond hat in der Tradition Avalons eine besondere Bedeutung, denn die Seepriesterinnen waren und sind, wie gesagt, gleichzeitig auch Mondpriesterinnen.

Der Mond weist auf die Zyklen und die Aspekte der Großen Mutter hin, steht für das weibliche Prinzip und das Eingebundensein in die Rhythmen des Lebens und fördert die Intuition und die Wahrnehmung. Die dreifaltige Göttin, in Form der Jungfrau, Mutter und weisen Alten, kann als zunehmender Mond, als Vollmond und als abnehmender Mond dargestellt werden, was wir über das Mondsymbol, das du am Ende eines jeden Kapitels findest, tun. Wir verbinden uns darüber mit den lunaren Kräften und ehren die Große Mutter.

Es gehört mit zu deinem Weg als Priesterin, dich mit dem Wesen des Mondes vertraut zu machen. In diesem Kontext laden wir dich ein, regelmäßig die verschiedenen Mondnächte auf deine Art und Weise zu genießen und zu zelebrieren, vielleicht einen Teil deines Avalon-Tagebuches ein Mond- und Traumbuch sein zu lassen und immer wieder kleine Mondrituale durchzuführen.

Eine weitere Möglichkeit, dich mit dem Einfluss des lunaren Lichtes zu beschäftigen, ist, mit einem Mondkalender zu arbeiten. Hier in Österreich gehört Johanna Paungger-Poppe zu den bekanntesten Mondfrauen, deren Bücher und Veröffentlichungen zu diesem Thema Pionierarbeit geleistet haben, um die Kraft des Mondes im Alltag zu nutzen. Dabei beschreibt sie, an welchen Tagen der Mond in welchem Tierkreiszeichen steht, was das für Auswirkungen auf unser Leben hat, und welche Empfehlungen es dazu für die Aufgabengestaltung des Tages gibt. Natürlich gibt es mittlerweile sehr viele Mondexperten und -expertinnen, sodass du dem folgen kannst, was für dich stimmig ist, auch wenn sich manche Mondzuordnungen etwas unterscheiden. Doch das ist nicht so bedeutsam, weil die Übergänge ohnehin immer fließend sind, und jeder Kalender nur als Anhaltspunkt dient.

Wir finden so ziemlich in jeder Kultur alte Mondgöttinnen oder Mondgötter. Neben der Sonne war und ist der Mond der zweitwichtigste Erdenbegleiter. Da der Mond, obwohl er durchaus auch seine dynamischen Seiten und Qualitäten hat, der Urweiblichkeit zugeordnet wird und je nach Sprache ebenso einen weiblichen Artikel vorangestellt haben kann (Beispiel: Italienisch *La Luna*), hat sich in manchen Kreisen der deutsche Begriff *die Mondin* oder *die Möndin* verbreitet. Du kannst selbst entscheiden, welche Variante du für die Ansprache des Mondes nutzen möchtest, unabhängig davon, wie wir dieses hier tun.

Ich habe von einer ursprünglichen Übersetzung des Namens Jesu gehört, in der es heißt, Jesus würde Mond-Mann bedeuten und auf seine Herkunft als Kind einer Mond-Jungfrau, einer Mondpriesterin (= Maria) zurückgehen. Auch Maria ist eine Mondgöttin: In vielen Darstellungen steht sie in einer Mondsichel und trägt einen Sternenmantel.

Auch aus der vorislamischen Zeit gibt es uralte Muttergöttinnen, die als Wiege des Islams angesehen werden. Dazu zählt beispielsweise Al-Lat, eine Mondgöttin, aus der sich später der männliche Allah heraus entwickelt haben soll.

Wusstest du, dass das alte Britannien (= die antike Bezeichnung für die von den Kelten bewohnte Insel, wozu heute England, Wales und Schottland zählen) den Namen Albion bzw. Albain trug? Manchmal wird Albion mit „das Land der milchweißen Mondgöttin" übersetzt. Möglicherweise geht auch der Begriff der „Alpen" auf Albion zurück. Dann würde es bedeuten, dass diese ebenso zum Land der Mondgöttin gehören.

Im avalonischen Kontext kannte und kennt man beispielsweise folgende Mondgöttinnen:

Belisana:

Sie war die Erfinderin der Künste.

Cerridwen:

Sie repräsentiert die Dreifaltigkeit der Göttin und steht für Leben, Tod und Wiedergeburt. Häufig wird sie mit einem Kessel dargestellt, der der Bauch der Großen Mutter ist und in dem eine starke Transformationskraft liegt. Begleitet wird sie von einem Mutterschwein.

Arianrhod:

Häufig trägt sie ein silbernes Kleid und ein silbernes Rad in ihren Händen. Zusätzlich ist sie die Göttin der Weissagung.

Flidais:

Man kann ihr vor allen Dingen nachts in Form einer weißen Hirschkuh begegnen. Sie ist eine Natur- und Waldgöttin, die Fruchtbarkeit und die Freiheit der Wildnis verkörpert. Sie erinnert an die griechische Artemis, weil sie ebenso eine Jägerin sein kann, die Pfeil und Bogen trägt.

Litha:

Sie ist eine Mondgöttin, die Wachstum, Ernte und Gleichgewicht bringt und eng mit dem Wasserelement in Verbindung steht, weshalb sie zu allen inneren und äußeren „Wasserthemen" eingeladen und angerufen werden kann.

Mit diesen Göttinnen kannst du dich beispielsweise verbinden und Zwiesprache halten, wenn du dich im Schwingungsfeld von Avalon auf dem Tor befindest, um sie für deine Mondrituale oder dein Wirken mit den lunaren Energien einzuladen.

Lange bevor sich die Menschen an der Sonne orientiert haben, beobachteten sie den Mond und nutzten ihn für ihre Zeitrechnungen und Aussaaten. In den matriarchalen Kulturen lebte man nach dem Mondzyklus, der 28 Nächte dauerte, wodurch das Jahr zu einem späteren Zeitpunkt in 13 Mondphasen (13 Vollmonde) eingeteilt wurde. Durch die Ausdehnung des Patriarchats wurde die lunare Zeiteinteilung mehr und mehr von einem solaren Kalendermaß abgelöst, wodurch wir seither 12 Monate jährlich durchlaufen. Wir wissen, dass wir sowohl den 13er Rhythmus (den weiblichen, lemurianischen, lunaren), als auch den 12er (den männlichen, atlantischen, solaren) benötigen, um uns wohlzufühlen und im Gleichgewicht zu sein. Das Märchen, das wir alle kennen und das die Ablösung der matriarchalen Mondzeit- von einem patriarchalen Sonnenkalender erzählt, ist Dornröschen, in dem von den dreizehn Feen nur zwölf zur Tauffeier der Prinzessin eingeladen werden.

Früher hatten die Menschen andere Bezeichnungen für die jährlichen Mondphasen. Ich habe sie in einem Wicca-Kalender gefunden. Allerdings weiß ich nicht mehr, wie er hieß, weil das schon einige Jahre her ist.

Januar	Wolfsmond, Mond der klirrenden Kälte
Februar	Schneemond, Wilder Mond, Mond des schmelzenden Schnees
März	Krähenmond, Samenmond, Mond der knospenden Bäume
April	Saatmond, Hasenmond, Mond der erwachenden Bäume

Mai	Milchmond, Feenmond, Mond der schönen Blüten
Juni	Lichtmond, Blumenmond, Mond der langen Tage
Juli	Kräutermond, Donnermond, Mond des schnellen Wachstums
August	Kornmond, Sichelmond, Mond des reifen Korns
September	Erntemond, Mond der reichen Ernte
Oktober	Dachsmond, Blutmond, Mond der fallenden Blätter
November	Nebelmond, Mond der ersten Fröste
Dezember	Kalter Mond, Frostmond, Mond der langen Nächte

Unser Mond trägt eine große Kraft in sich und bewegt die Wasser dieser Erde, wie zum Beispiel die Gezeiten von Ebbe und Flut. Da wir Menschen ebenso zu einem Großteil aus Wasser bestehen, hat er auch auf uns, unser Wohlbefinden, unser Lymphsystem, unseren Blutkreislauf und unsere Hormone einen großen Einfluss. Manche Menschen spüren das sehr intensiv, beispielsweise über Schlafstörungen, Wasseransammlungen im Körper oder emotionale Schwankungen während gewisser Mondstände.

Da der Mond so eng mit dem weiblichen Menstruationszyklus verbunden ist, wird er als ein Symbol der Fruchtbarkeit gesehen. In manchen Kulturen war bzw. ist es noch üblich, dass Frauen, die eng zusammenleb(t)en, zur gleichen Zeit ihre Mondblutung hatten. Heute können wir das noch zum Beispiel bei sehr engen Freundinnen beobachten, dass sich ihre Zyklen einander anpassen.

Diese weibliche Blutung wurde als etwas Geheimnisvolles und Magisches gesehen und verstanden. Es zeigt nach wie vor die urweibliche Fähigkeit, Leben zu spenden und zu gebären, und ist nach wie vor ein Mysterium.

In diesem Zusammenhang gab und gibt es die verschiedensten Rituale, um diese besondere Zeit würdig zu feiern und zu nutzen, wie beispielsweise, dass sich blutende Frauen in eine Menstruationshütte zurückgezogen haben. Es soll der Moment sein, wo die magische Kraft einer Frau und auch einer Priesterin am stärksten ist. Obwohl sich die tiefe und unendliche Energie der Großen Mutter erst nach der Menopause so richtig zu entfalten beginnt, was als Neumond- oder Schwarzmondphase bezeichnet wird. Gerade auch wenn es einen unregelmäßigen, schmerzhaften oder ungeliebten Menstruationszyklus gibt, wäre die Hinwendung zu den lunaren Rhythmen und den Mondkräften sehr hilfreich.

Für die Priesterinnen vom See sind der weibliche Zyklus und seine Mondzeiten heilig. Zusätzlich fördert das Mondlicht die Sicht und unterstützt Heilungen, sodass es sowohl für die Seherinnen als auch die Heilerinnen Avalons von Bedeutung gewesen ist, mit dem silbernen und dem schwarzen Licht des Mondes zu wirken.

Ich habe in der Volksschule noch die alte deutsche Schreibschrift gelernt. Um sich die Mondphasen leichter merken zu können, gab es die Eselsbrücke, dass man in die abnehmende Mondsichel ein „a“ hineinschreiben kann und in die zunehmende ein altes „z“. Das habe ich mir bis heute gemerkt.

Jede Mondphase hat ihre eigene Qualität:

Bei zunehmendem Mond können wir uns gut nähren, Vitamine und Mineralstoffe werden leichter aufgenommen, und es ist möglich, dass Medikamente intensiver wirken. Innerhalb des Jahreskreises entspricht diese Phase dem Frühling. Es ist die Zeit, um uns darauf auszurichten, was wir vermehrt in unser Leben bringen möchten.

Der Vollmond repräsentiert den Sommer. Es ist eine Phase, in der unsere Sinne viel sensibler aufnehmen und reagieren. Es ist eine Zeit der Aktivität, der Bewegung und der Vollendung. Allem, was wir abschließen möchten, können wir uns zuwenden. Es ist die Hoch-Zeit, um zu feiern und im Austausch mit anderen Menschen zu sein.

Der abnehmende Mond wird dem Herbst zugeordnet. Jetzt können wir loslassen, entschlacken und entgiften. Alles, was wir nicht mehr benötigen, kann verabschiedet werden. Falls jemand eine Operation benötigt, ist es empfehlenswert, soweit man es mitentscheiden kann, sie zu dieser Mondphase durchzuführen. In dieser Zeit können wir uns bewusst werden, was überholt ist und ausgemistet werden sollte, und es umsetzen.

Der Neumond stellt den Winter dar. Es ist ein wunderbarer Fastentag, auch um uns von Abhängigkeiten und Gewohnheiten zu lösen. Es ist die Zeit der Stille und des Rückzugs, in der wir innehalten und nach innen gehen können, um etwas Neues vorzubereiten und entstehen zu lassen. Wir können uns selbst verwöhnen und uns mit unserer Basis, unserer Mitte und unseren Wurzeln beschäftigen.

Mondfinsternisse verstärken die Kraft und die Bedeutung eines Neumonds, und ein Blut- oder ein Supermond verstärkt die Kraft eines Vollmonds.

Zusätzlich zum Kreis und zur Sichel können auch Schalen, Kessel, Hörner und Bögen Mondsymbole sein. Tiere des Mondes sind beispielsweise Krebse und Krabben, Kühe und andere gehörnte Tiere, Hasen, Tauben, Schwäne, Schnecken und Muscheln.

Und jetzt beschäftigen wir uns damit, wie du als Mondpriesterin Avalons beispielsweise mit den lunaren Kräften wirken kannst.

Mögen dich das silberfarbene Licht der Großen Mutter und das Licht von Avalon allezeit segnen!

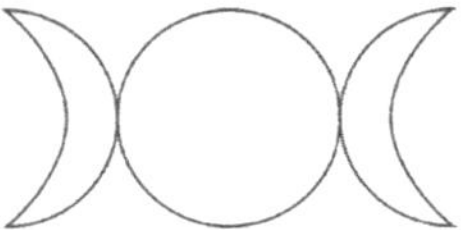

Mondrituale

Die folgenden Anregungen möchten als Impulse dienen, damit du deine eigenen Mondrituale gestalten und feiern kannst, worüber sich dein Kontakt zu Avalon vertiefen darf. Wann immer du möchtest, schenke dir die Zeit, und sei es nur für ein paar Atemzüge, um den Mond zu betrachten, auf dich wirken zu lassen, seine Energien in dich einzuatmen und in der stillen Kommunikation mit ihm zu sein.

Mondrituale kannst du alleine oder gemeinsam mit anderen Menschen zelebrieren. Jedes Mal, wenn du dich auf das Licht des Mondes einlässt, stärkt und nährt es deine weibliche Kraft und deine Verbindung zur Großen Mutter und zu allem, wofür sie steht.

Abnehmender Mond:

Während des abnehmenden Mondes können wir, im Kontakt mit dem silberfarbenen Licht und den avalonischen Energien, immer wieder Dinge auf ein Blatt Papier schreiben, die wir lösen, loslassen oder transformieren möchten. Dieses Papier wird dann zu Neumond verbrannt.

Neumond:

Zu Neumond können wir in der Dunkelheit sitzen und uns an den Schoß der Urmutter erinnern. Wir können in ihrer Liebe baden, alles heilen und heil sein lassen und unser Urvertrauen vertiefen. Es ist eine gute Gelegenheit, um zu spüren, was uns guttut, was wir wollen und möchten, und uns darauf vorzubereiten und die Energien in diese Richtung fließen zu lassen. Wir können uns „ausbrüten" und eine Neugeburt vorbereiten.

Die Neumondtage können wir, wenn es uns möglich ist,

schweigend verbringen, oder die Kommunikation auf das Wesentliche beschränken und mit unserer Aufmerksamkeit nach innen gerichtet sein, nach innen lauschen, uns reflektieren und beobachten.

Der Neumond ist die Zeit, leer zu werden und alles in das Leben einzuladen, was wir gerne als einen Teil davon erfahren möchten.

Neumondtage, -abende oder -nächte eigenen sich auch wunderbar, um Neues auszuprobieren und auf diese Weise aus Gewohnheiten auszubrechen. Sie laden uns ein, uns mit der urweiblichen Kraft auszusöhnen, sie anzunehmen und in uns und über uns zu spüren.

Zu Neumond können wir über die Themen Tod und Leben meditieren und uns damit auseinandersetzen, wenn wir es möchten.

Zunehmender Mond:

Während des zunehmenden Mondes können wir täglich mit Affirmationen wirken, die das ausdrücken, was wir vermehrt in unser Leben ziehen möchten. Wir arbeiten mit den Samen, die wir zu Neumond gesät haben, weiter und lassen sie reifen und wachsen und bei Bedarf noch klarer und deutlicher werden.

Vollmond:

Was zu Vollmond sehr nährend ist, sind energetische Bäder im Mondlicht, bei denen wir uns von ihm bescheinen und mit dem silberfarbenen Licht aufladen lassen. Vielleicht möchtest du auch beginnen, in Vollmondnächten spazierenzugehen, um dich auf diese Art und Weise mit dem Mondlicht aufzufüllen.

Der Vollmond dient auch dazu, um Wasser oder Kristalle mit Mondenergie aufzuladen. Dazu kannst du eine Schale oder ein Gefäß mit Wasser in das Mondlicht stellen und es einladen, die Mondschwingungen aufzunehmen. Tropfen dieses Mondwassers kannst du in deinen Nabel geben, um deinem inneren Kind eine Freude zu machen, sodass es sich geliebt und angenommen fühlen und eventuelle alte Verletzungen loslassen kann. Es fördert das Wachstum von Urvertrauen. Du hast die Möglichkeit, mit dem Mondwasser dein Drittes Auge zu benetzen und deine Wahrnehmung darüber zu verfeinern. Du kannst das Mondwasser einnehmen oder intuitiv auf jeder Stelle deines Körpers auftragen, wo die weibliche Energie benötigt wird, um etwas zu nähren oder in die Heilung zu bringen. Auf diese Weise ist es auch möglich, für andere Menschen, Tiere, Pflanzen oder Orte ein Mondwasser herzustellen und es zu verteilen.

Wenn du einen Kristall mit Mondenergie auffüllen möchtest, bitten wir dich, dafür entweder einen Mondstein oder einen Girasol zu wählen. Beide sind eng mit Avalon verbunden und wurden und werden von den Seepriesterinnen getragen oder genutzt. Reinige den Stein, den du programmieren möchtest, indem du beispielsweise das weiße Licht der Klarheit über, durch und um ihn fließen lässt. Dann lege ihn ins Mondlicht und fülle ihn damit auf. Er darf die ganze Nacht im Mondschein baden. Abschließend danke ihm, den Mondenergien und deinen avalonischen Schwestern, als auch der Großen Mutter. Das kannst du wiederholen, wann immer du möchtest oder den Impuls dazu verspürst.

Wenn du den Kristall trägst oder ihn auflegst, überträgt er das Mondlicht auf dich und fördert deine Intuition, lässt heilsame, lunare Energien fließen und nährt deine weibliche Seite. Du kannst auch, wenn du möchtest, bevor du den gereinigten

Kristall in das Mondlicht legst, eine klare Bitte äußern, wofür er dich im Speziellen unterstützen und dir behilflich sein soll. Dann wird er nach der Programmierung die lunaren Schwingungen, verbunden mit seiner eigenen Qualität, zur Verfügung stellen, damit sich deine Bitte erfüllen kann. Auf diese Art kannst du erneut sowohl für dich als auch für andere Menschen, Tiere, Pflanzen und Orte diese Mondkristalle programmieren.

Vollmondnächte eignen sich zum Spinnen – um neue Gedanken, neue Geschichten zu spinnen. Oder auch, um ein Problem in deiner Vorstellung vor dich auf den Boden zu legen und es so lange zu umkreisen, zu umgarnen, bis es sich auflöst bzw. bis du spürst, dass du eine Lösung gefunden hast, selbst wenn sie noch nicht bis in dein Mentalfeld vorgedrungen ist.

Wenn du möchtest, kannst du dich in den Vollmondnächten mit den Feen und Elfen verbinden, um – physisch oder energetisch – mit ihnen auf Wiesen, an Bächen und Seen zu tanzen und den Mond zu feiern.

Zu jeder Mondzeit kannst du dich mit einer Mondgöttin verbinden und darüber selbst zu einer solchen werden, und dich als Mondgöttin in den unterschiedlichsten Phasen erleben.

Mögen dich die Güte der Großen Mutter und das Licht von Avalon allezeit segnen!

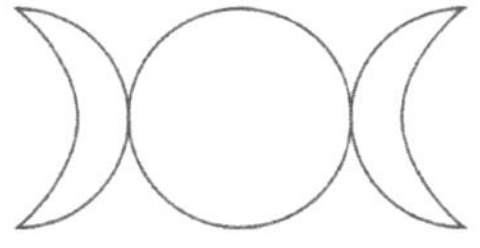

Deine Mondzeit

Meditation

Mache es dir bitte im Sitzen bequem. Atme tief ein und aus. Spüre deinen Körper und lass dich im Hier und Jetzt sein. Erlaube dir, dich zu entspannen.

Lege eine Hand auf dein Herz. Über deinen Herzschlag tauche in die innerste deiner Herzenskammern ein und nimm mit deinem wahren Wesen Kontakt auf. Berühre es. Lass es leuchten und strahlen, sodass es die Gesamtheit, die du bist, durchströmen darf und du eins mit ihm bist. Jetzt!

Nimm deinen blauen Halbmond auf deiner Stirn wahr. Aktiviere ihn und erlaube, dass er pulsiert. Sei die Mondpriesterin, die du bist. Verbinde dich mit dem Schwingungsfeld von Avalon, tauche darin ein. Fühle die Gegenwart aller Seepriesterinnen und Hohepriesterinnen. Die Liebe der Großen Mutter umfängt dich, nährt und trägt dich.

Atme bewusst ein und aus. Morgana ist an deiner Seite. Über den grünen Strahl führt sie dich nach Avalon, zum Fuße des Tors, und geht mit dir den alten Prozessionsweg hoch. Lass dabei erneut die Kommunikation mit der Großen Mutter tiefer werden.

Komm beim Steinkreis an. Begrüße die Hüterwesenheit. Sie heißt dich willkommen, segnet dich, sodass du durch das Dimensionstor, spiralförmig-kreisend in das Herz von Avalon eintreten kannst. Komm in der Mitte des Steinkreises an und spüre die avalonische Energie, die dich durchströmt. Jetzt!

Morgana sagt:

„Wir grüßen und segnen dich im Namen aller Priesterinnen und Hohepriesterinnen Avalons, geliebte Schwester, die du uns bist. Wir bitten dich, nun beide Hände auf deinen Unterbauch zu legen. Atme bewusst ein und aus. Lass deine Aufmerksamkeit zu deiner Gebärmutter kommen und nimm sie wahr. Selbst wenn du dich, aus welchen Gründen auch immer, von deiner physischen Gebärmutter im Laufe deines Lebens verabschiedet haben solltest, hat sie einen energetischen Abdruck hinterlassen und schwingt in dieser Form nach wie vor als Organ in dir. Auch in diesem Fall kannst du deine Gebärmutter noch wahrnehmen und mit ihr in den Kontakt gehen. Nur dass du sie wahrscheinlich feinstofflicher und physisch etwas weniger präsent spüren wirst. Das ist der einzige Unterschied.

Zuerst schenke dir etwas Zeit, um dich mit ihr vertraut zu machen – unabhängig davon, ob du ihre physische Ebene oder ihre feinstoffliche Gegenwart berührst. Wie fühlt sie sich an? Wie geht es ihr? Falls du den Impuls bekommen solltest, ihr irgendwelche Farben oder Qualitäten zufließen zu lassen, dann tu es. Jetzt!

Deine Gebärmutter ist dein Nest, deine Höhle, die dir Geborgenheit beschert. Wenn du dich dorthin zurückziehst, bist du sicher und kannst solange in ihr sein, bis du dich ausgebrütet hast und dich wieder der Welt zeigen möchtest. Hier hütest du deine Geheimnisse. Deine Gebärmutter ist eine große Geschichtenerzählerin, die alle Erfahrungen des Lebens und des Sterbens in sich trägt. Deshalb erlaube dir nun, ihr zuzuhören, was sie dir über dich, deine Weiblichkeit, deine Partnerschaften, deine Kinder und das, was du geboren hast, und alles, was du wieder loslassen durftest, berichten möchte.

Wenn du in einem Raum mit anderen Frauen bist, beginnt deine Gebärmutter mit diesen zu kommunizieren. Energien werden ausgetauscht, sodass Erfahrungen der Weiblichkeit miteinander geteilt werden. Etwas, das eine Frau erlebt und hier gespeichert hat, wird zu einem allgemeinen, und dadurch auch zu deinem Erlebten. Über die Gebärmütter hält sich ein globales Feld der Weiblichkeit, das Teil der Morphogenetik ist. Deshalb bitten wir dich, dich deiner Gebärmutter regelmäßig zuzuwenden und darauf zu achten, was sie in sich trägt bzw. was sie aussendet und mit anderen teilt, und was diese von ihr bekommen, als auch womit sie das kollektive, weibliche Bewusstseinsfeld speist. Erkenne, dass du auf diese Weise deinen Beitrag zur Heilung des Schwingungsfeldes der Weiblichkeit erfüllst, sodass es frei wird von Missbrauch und Manipulation.

Vielleicht möchtest du dir deine Gebärmutter als eine rote oder goldene Kugel vorstellen, in die du dich, wann immer du möchtest, zurückziehen und in der du sein kannst? Deine Gebärmutter ist mit deiner Bärinnenkraft verbunden und deshalb auch deine Bärinnenhöhle, wann immer du es möchtest.

Über deine Gebärmutter spricht deine innere Heilerin mit dir. Hier findest du alle Antworten, was dich heil sein lässt und dir und deinem Körper guttut und Freude bereitet. So laden wir dich ein, über sie in der Regelmäßigkeit auch deiner Bärinnenkraft und deiner inneren Heilerin zu begegnen. Tu dieses jetzt!

Deine Gebärmutter ist eng und innig mit der Großen Mutter verbunden. Bleib in der Zwiesprache mit ihr, hör ihr weiter zu, was deiner weiblichen Kraft guttut, was es in deinem Leben zu verändern und loszulassen gilt, und was sie dir für deinen Priesterinnenweg mitgeben möchte. Pflege einfach die Freundschaft mit ihr. Dann atme tief ein und aus.

Unabhängig davon, in welcher Phase deines Frauseins du dich befindest, ob du regelmäßig blutest, oder ob dein Blutfluss bereits versiegt ist, erinnere dich an deine Mondzeit. Wie sind oder waren deine Blutungen? Wie geht es dir oder ist es dir dabei ergangen, und was verbindest du oder hast du damit verbunden? Kannst und konntest du die Zeit genießen? Bist und warst du müde, erschöpft oder gereizt? Verlierst du oder hast du viel Blut verloren, oder nur sehr wenig? Ist es oder war es dir lästig? Ist es oder war es schmerzhaft? Was wurde dir über den Blutfluss erzählt, und was glaubst du und hast du selbst davon geglaubt und erfahren? Wie war es, als du das erste Mal geblutet hast? Wurde es gefeiert? Was wurde dir dabei vermittelt? Was gibst du weiter oder hast du diesbezüglich möglicherweise an deine Töchter weitergegeben? Wie reagiert dein Umfeld oder hat es reagiert, wenn du deine Mondzeit hast und hattest? Sammle alles, was dir dazu einfällt. Alles darf sein.

Atme tief ein und aus. Bleib noch ein wenig bei all dem, was dir dazu einfällt. Denn indem du alles da sein lässt, wie es für dich ist und war, kann bei Bedarf Heilung in Bezug auf deine weibliche Kraft und dein weibliches Selbstverständnis geschehen und integriert werden. Deine Blutung ist und war deine heilige Zeit. Wir bitten dich, dich diesem Mysterium zu öffnen und dich darauf einzulassen, selbst wenn du bereits in deiner Dunkel- oder Schwarzmondphase sein solltest, und es zu zelebrieren.

Dein roter Blutfluss ist und war ein Ausdruck der immerwährenden Energie des Lebens, die dich daran erinnert(e), dass du eine Schöpferin bist, die eine unendliche Kraft in sich trägt. Du bist eine Große Mutter. Wisse, dass der Zyklus der Seepriesterinnen auch eng mit den Rhythmen der Erde verbunden war, sodass die Felder und die Wiesen mit dem Blut gesegnet wurden, um Fruchtbarkeit in allen Bereichen zu fördern.

So kann über die avalonische Energie, die durch dich fließt, die dich berührt und in die du eingebettet bist, alles heilen, was dieses im Zusammenhang mit deiner Mondzeit benötigt. Jetzt!

Atme tief ein und aus. Du darfst deine Mondzeit, selbst die Dunkelmondzeit, in vollen Zügen genießen und vielleicht von nun an anders betrachten, sehen und erfahren. Nimm deine Verbindung zum Mond und den lunaren Schwingungen wahr. Durch deine Mondzeit wirst und wurdest du immer wieder neu geboren, Altes darf und durfte losgelassen werden, und Neues beginnt und begann sich zu formen. Zyklus für Zyklus.

Wir bitten dich, über deine Blutmysterien zu sprechen und deine Blutsschwestern zu finden, weil das viel Erleichterung bringen kann. Erfahrungen oder auch damit verbundene Herausforderungen können sich so relativieren und gemeinsam getragen werden. Dafür benötigt es eine Gemeinschaft, eine Familie – die Priesterinnen vom See.

Erinnere dich daran, dass die Mondpriesterinnen ihre Rituale, angepasst an ihre Mondzeit, durchgeführt haben, weil diese unterschiedliche Kräfte und Qualitäten in ihnen freisetzten, die dabei genutzt wurden. Deshalb darf das Bewusstsein über die Mondzeit und über die Wirkung des Mondes ganz allgemein wieder vermehrt in den Mittelpunkt des Lebens rücken. Spüre dabei, wie sich deine Verbindung zu deiner schöpferischen Energie vertieft. Was ist für dich stimmig und möglich, um dich mit deiner Mondzeit und den lunaren Kräften zu beschäftigen und ihnen den Platz zu geben, der ihnen gebührt?

Nun verweile, solange du möchtest, im Zentrum von Avalon und schwinge mit allem mit, was du gehört hast und in dir in Bewegung gekommen ist. Im Anschluss daran danke deiner Gebärmutter und deiner Mondzeit und löse dich von ihnen. Deine

Hände dürfen über deinen Unterbauch streichen und sich von ihm verabschieden.

Wir begleiten dich spiralförmig-kreisend aus dem Zentrum des Steinkreises durch das Dimensionstor, an der Hüterwesenheit, die dich segnet, vorbei, den alten Prozessionsweg hinunter bis zum Fuße des Tors. Von hier aus bringen wir dich über den grünen Strahl zurück in deinen Raum und in deine Zeit, wo wir mit dir ankommen und sind. Jetzt!

Atme tief ein und aus. Lass diese Reise in dir nachklingen und erinnere dich an das, was für dich wichtig gewesen ist. Spüre deinen Körper und finde einen für dich stimmigen Abschluss. Wir sind Morgana. Wir danken dir. Dein blauer Halbmond auf deiner Stirn ist wieder ruhig. Wir segnen dich im Namen der Großen Mutter und ziehen uns, gemeinsam mit dem avalonischen Schwingungsfeld, für den Moment zurück. Sei gesegnet, geliebte Schwester, die du uns bist. Sei gesegnet.“

Wenn wir möchten, können wir diese Anregungen ergänzen, indem wir unseren Beckenboden mit einbeziehen. Dieser besteht aus drei Muskelschichten. Die innerste ist eine Verbindung zwischen dem Schambein und dem Steißbein, die mittlere zwischen den Sitzbeinhöckern, und die äußere wird als Achterschleife beschrieben, die um die Schließmuskulatur des Afters und der Harnröhre geht. Durch das sanfte und achtsame Arbeiten mit dem Beckenboden, indem wir die einzelnen Schichten oder die gesamte Muskulatur regelmäßig an- und entspannen, bekommen wir eine tiefere Beziehung zu unserer Basis. Es fördert unser Zuhausesein im Körper und unsere Erdung.

In den einzelnen Muskelschichten sind viele Erfahrungen gespeichert, die mit unserem Urvertrauen in Zusammenhang stehen, die sich dadurch ebenso bei Bedarf behutsam zu lösen beginnen und verabschieden können, sodass unsere Lebensfreude wächst und in diesem Bereich frei pulsiert.

Mögen dich die Freundlichkeit der Großen Mutter und das Licht von Avalon allezeit segnen!

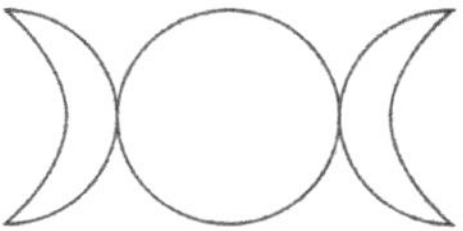

Mondmeditation

Bitte mach es dir im Sitzen oder im Liegen bequem. Spüre deinen Körper und komm mit deiner Aufmerksamkeit im Hier und Jetzt an. Atme tief ein und aus. Erlaube dir, dich zu entspannen, so, wie es dir im Moment möglich ist. Sei im Kontakt mit deinem Herzen und darüber mit deinem wahren Wesen. Lass es leuchten und strahlen und sei eins mit ihm. Jetzt!

Aktiviere den blauen Halbmond auf deiner Stirn. Er darf pulsieren und lebendig sein. Verbinde dich mit dem Schwingungsfeld von Avalon und lass dich von der Liebe der Großen Mutter berühren. Morgana ist mit dir und begleitet dich. Sie übermittelt dir die Grüße und den Segen der Seepriesterinnen und der Hohepriesterinnen. Über den grünen Strahl bringt dich Morgana nach Avalon, wo sie mit dir den alten Prozessionsweg hoch auf den Tor geht. Nimm wahr, wie die Große Mutter dabei zu dir spricht.

Nun bist du erneut beim Steinkreis. Die Hüterwesenheit erkennt und segnet dich. Tritt durch das Dimensionstor ein und komm spiralförmig-kreisend in der Mitte des Kreises an. Sei die Priesterin, die du bist, und lass die avalonischen Kräfte fließen. Jetzt!

Morgana sagt:

„Wir heißen dich im Herzen Avalons willkommen, geliebte Schwester und Mondpriesterin, die du uns bist. Sei gesegnet.

Es ist Nacht. Über dir funkeln unzählige Sterne. Besonders magisch zieht dich das strahlende, sanfte Licht der vollen Mondscheibe an, die über dir ist. Das silberne Licht berührt dich. Lass es auf dich wirken und bade darin. Wie fühlt sich das für dich an?

Der silberfarbene Glanz des Mondes nährt dich. Nimm wahr, dass du weich wirst und deine weibliche Seite zu schwin-

gen beginnt. Vielleicht kommt auch dein Inneres Kind hervor und zeigt sich dir, um sich ebenso vom Mondlicht bescheinen und verwöhnen zu lassen. Möglicherweise siehst und fühlst du die Naturwesen, die an deiner Seite sind, um mit dir das Mondlicht zu genießen. Atme tief ein und aus.

Wisse, dass die silberweiße Energie des Mondes mit dem silberfarbenen Strahl der Gnade verbunden ist. Deshalb ist sie so heilsam, wodurch sie nun in deine verborgenen Ecken und Winkel deines Systems einstrahlen und in deinen unterschiedlichsten Schwingungsfeldern Befreiung bringen darf. Vielleicht tauchen alte Gefühle, Gedanken oder Bilder auf. Lass dir dafür die Zeit, die es benötigt, um wirklich leer zu werden und leer zu sein von dem, was du bisher mitgetragen hast, das dich möglicherweise auch beschwerte und das du nun nicht mehr benötigst. Denn darüber erweitern und entfalten sich deine Aufnahmefähigkeit und Rezeptivität.

Die Silbermetallschwingung in dir, die ebenso dem Mond entspricht, beginnt vermehrt zu fließen. Du weißt um die heilende Wirkung von Silber, sodass eine Selbstheilungs- und Regulierungssequenz in dir aktiviert wird und sich ausdehnt. Spüre, wie sie in dir Raum nimmt und ist.

Über das Mondlicht offenbart sich dir deine innere Weisheit, und du erkennst und weißt, was für dich wichtig, stimmig und gut ist – bezugnehmend auf alle deine Lebensbereiche.

Dich regelmäßig dem Mond zuzuwenden ist ein Innehalten und entspricht einer Standortbestimmung und -überprüfung. Deshalb bitten wir dich, die Nacht lieben zu lernen. Denn nur hier kannst du dem Mond begegnen. Es ist deine Shekaina-Zeit, in der die Energie der Weiblichkeit am stärksten ist.

Nun beginnt sich der Mond, der für dich leuchtet, zu wandeln. Der Vollmond nimmt ab, bis er ein Schwarzmond ist und wieder zuzunehmen anfängt. Atme tief ein und aus. Geh mit diesen Phasen mit und lass sie in aller Ruhe auf dich wirken, bis du sie genau verstanden und in ihrer gesamten Bedeutsamkeit erfasst hast. Spüre, was sich dadurch in dir verändert – in deinem Körper, in deinen Empfindungen und Gedankengängen, in deinen Impulsen und Bedürfnissen. Wie wirken sich diese einzelnen Mondphasen auf dich ganz persönlich aus? Nimm wahr und lausche nach innen.

Geh weiter mit den Veränderungen des Mondes mit und beobachte, wie sie deine Weiblichkeit, deine rezeptiven Energien und deine intuitive Seite beeinflussen. Welche Veränderungen und Auswirkungen des Vollmondes, des abnehmenden, des Dunkelmondes und des zunehmenden Mondes kannst du in diesen Bereichen spüren? Erforsche und erkenne die Bedeutung der Mondenergien auf dein Leben. Jetzt!

Dann leuchtet über dir wieder die große, strahlende, runde Mondscheibe. Nun beginne, mit ihrem Licht und mit der Gesamtheit, die der Vollmond ist, zu verschmelzen. Werde zum Mond und sei eins mit ihm. Jetzt!

Atme tief ein und aus. Es intensiviert den lunaren Energiefluss in dir. Dein Drittes Auge, und somit dein blauer Halbmond, pulsiert stärker, deine Empfänglichkeit, deine Empfangsbereitschaft und deine Intuition vertiefen und erweitern sich. Genieße diese Einheit mit dem Mond und das, was sich dadurch in dir zeigt und bewegt. Das ist der Neubeginn deiner Freundschaft mit dem Mond. Als Priesterin, die du bist, bitten wir dich, dieses Einlassen auf den Mond und seine Phasen regelmäßig zu wiederholen, so, wie es deinem eigenen Rhythmus entspricht und du darüber im Gleichgewicht der Kräfte sein kannst. Wir danken dir dafür. Bleib in der Einheit mit dem Mond und in der Verbindung mit dem Mondlicht, solange du möchtest.

Abschließend empfange seinen Segen. Du bist wieder du, und der Vollmond leuchtet über dir. Er verblasst, und es ist Zeit, dich zu verabschieden. Die Naturwesen, die mit dir den Mondschein genossen haben, ziehen sich zurück. Atme tief ein und aus. Danke dem Wesen des Mondes und allem, was er bewegt.

Dann begleiten wir dich aus dem Zentrum des Steinkreises hinaus, schreiten durch das Dimensionstor, am Hüterwesen, das dich segnet, vorbei, über den alten Prozessionsweg zum Fuße des Tors. Das grüne Licht bringt dich in deinen Raum und in deine Zeit zurück. Komm dort an. Spüre deinen Körper. Nimm wahr, was die vermehrte Ausrichtung auf den Mond in deinem Leben und für dein Leben verändert und welchen Einfluss sie auf den Ausdruck deiner Weiblichkeit und für das Verständnis deines Priesterinnenseins hat.

Wir sind Morgana. Wir ziehen uns für den Moment, gemeinsam mit dem avalonischen Schwingungsfeld und der Liebe der Großen Mutter, zurück. Wir segnen dich, geliebte Mondpriesterin, die du uns bist. Sei gesegnet. Jetzt!"

Mögen dich die unendliche Freiheit der Großen Mutter und das Licht von Avalon allezeit segnen!

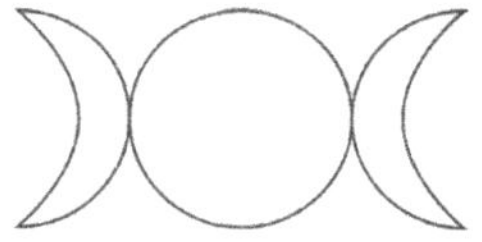

Schulung deiner Sicht

Dieses Thema ist sehr umfangreich. Wir schnuppern hier nur in einige seiner Aspekte hinein.

Die Erweiterung der Wahrnehmung ist und war ein zentraler Bestandteil der avalonischen Ausbildung, weshalb Avalon sehr häufig als Seherinnenschule bezeichnet wurde und wird. Während der Priesterinnenausbildung kristallisierte sich im Laufe der Zeit heraus, wo die besonderen Fähigkeiten der Einzelnen lagen, die dann weiter gefördert wurden. Die Aufgaben, mit denen sie später betraut wurden, richteten sich danach. In den Phasen, in denen immer weniger Seepriesterinnen ausgebildet wurden, konnte man dem nicht mehr gerecht werden. Die Funktionen wurden nach ihrer Dringlichkeit und Notwendigkeit verteilt, wodurch sich einzelne Priesterinnen überfordert fühlten, weil ihre Stärken in anderen Bereichen lagen. Dadurch ist viel altes Wissen verloren gegangen. Diese Erfahrungen machten allerdings auch andere Mysterienschulen.

Selbst wenn Menschen dieselbe Wahrnehmungsschulung durchlaufen, heißt das nicht, dass alle gleich gut und viel bzw. alle dasselbe sehen. Bei der Erweiterung der Sicht ist es so wie beim Channeln, die Wahrnehmung ist von der Persönlichkeit gefärbt. Sie prägt, worauf wir schauen, und wovon wir überzeugt sind, es zu sehen, was wir sehen wollen usw. EGOn ist hier mitunter sehr subtil am Werk. Deshalb betreten wir hier einen Bereich, der viel Achtsamkeit benötigt. Das, was wahrgenommen wird, sollte beispielsweise mehrmals überprüft werden, bevor wir damit zu wirken beginnen. Wir sind erneut mit Ethik konfrontiert und tragen für das, was wir sehen und wie wir damit umgehen, Verantwortung. Deshalb wird in diesem Kontext nicht immer alles mitgeteilt, was wahrgenommen wird, denn es könnte beispielsweise zu subjektiv und dadurch für die Situation oder den anderen Menschen *un-richtig* sein. Vielleicht wäre es auch unpassend, weil zum Beispiel niemand nach unserer Sicht gefragt hat. Genauso haben wir bereits von unserer Verantwortung gesprochen, die wir für das, was wir wahrnehmen, tragen, denn sie schließt das, was durch unsere Sicht oder die Weitergabe dieser Wahrnehmung entsteht, mit ein. Wenn wir über sie Enge und Angst erzeugen, sind wir für diese Enge und Angst verantwortlich. Wenn wir Hoffnung schenken, für diese. Alles wirkt auf uns zurück. Deshalb begleitet uns auf dem gesamten Seepriesterinnenweg die Frage: Wofür möchte ich verantwortlich sein?

In der Praxis vermischen sich die Grenzen. Doch grundsätzlich ist der Energiefluss beim Sehen anders als beim Channeln. Bei Ersterem steht das Dritte Auge im Mittelpunkt. Es ist die zentrale energetische Aufnahme- und Aussendestation in unserem System. Bei einem Channeling fließt der energetische Hauptstrom über das Kronenzentrum durch die Gesamtheit, die wir sind, ein.

Wenn wir von der „Sicht" sprechen, meinen wir damit immer die äußere und die innere, aber auch jede Form der Wahrnehmung, die über die Sinneskanäle gesteuert wird, wie Riechen, Schmecken, Hören, Fühlen und Sehen. Das alles zusammen ist unter dem Begriff „Sicht" zu verstehen.

Ein wichtiger Schlüssel dafür ist also unser Drittes Auge. Wir alle nehmen unendlich viel wahr. Somit können wir sagen, dass jeder Mensch sichtig ist. Nur manche merken es nicht bzw. manchmal merken wir es nicht, und außerdem ist die Fähigkeit unterschiedlich stark ausgeprägt. Selbst Menschen, die ein sehr aktives Drittes Auge haben, spüren oft nicht, wie sichtig sie eigentlich sind, weil sie das, was sie wahrnehmen, nicht übersetzen können. Deshalb beschränkt sich die Arbeit mit der Entwicklung der Sichtfähigkeit nicht nur auf das Dritte Auge, sondern ist ein ganzheitlicher Prozess.

Unsere Intuition ist beispielsweise eine Übersetzung dessen, was wir über unsere Sicht wahrnehmen. Da dabei unsere Sinneskanäle sehr aktiv sind, benötigen wir einen guten Kontakt zu unserem Emotionalfeld, damit die Impulse, die über unser Drittes Auge aufgenommen werden, darüber verteilt und verstanden werden können. Das bedeutet weiter, dass unser emotionales Sein mit unserem Mentalfeld in der Balance sein sollte. Die sehr einfache Übung, uns in unserem Gehirn eine liegende (goldene) Achterschleife vorzustellen, die unsere Gehirnhälften verbindet, ist eine gute Unterstützung und somit eine Basisanregung, die bereits dazu dient, unsere Sicht zu schulen.

Damit unsere Wahrnehmung so neutral wie möglich sein kann und nicht zu stark von unserem EGOn gefärbt ist, benötigen wir einen stabilen und vertrauten Kontakt zu unserem Hohen Selbst bzw. zu unserem wahren Wesen, wie auch immer wir es bezeichnen möchten. Die Ausgewogenheit unserer Gehirnhälften (also die Achterschleifen-Übung) ist eine Voraussetzung dafür. Nur wenn unser Emotional- und unser Mentalfeld im Gleichgewicht sind, können wir uns von unseren Emotionen und Gedanken lösen und unser göttliches Sein erfahren und verkörpern.

Ein wesentliches Ziel unseres Priesterinnenweges ist es, dass unsere Priesterin immer mehr unserem wahren Wesen entspricht, damit wir sie nicht mehr als getrennt von unserem Hohen Selbst , sondern wir uns als Gesamtheit, die wir sind, erleben.

Weiterhin brauchen wir für eine klare Wahrnehmung eine stabile Erdung, also einen guten Kontakt zu unserer Basis, zu unseren Wurzeln, zu unserer Mitte und zu Gaia. Das ermöglicht uns zu verstehen, was wir wahrnehmen, und es zu übersetzen. So bringen wir unsere Wahrnehmung herunter auf die Erde. Sonst kann es sehr leicht zu einer Verwirrung kommen, die wir dann an andere weitergeben.

Speziell die Schulung der äußeren Sicht benötigt beispielsweise auch eine klare Verbindung zwischen dem Dritten Auge und den physischen Augen.

All das entwickelt sich üblicherweise im Laufe unseres spirituellen Weges mit. Je länger wir unterwegs sind, umso feiner wird unsere Wahrnehmung. Manchmal ist auch diese Entfaltung so schleichend, dass sie uns nicht auffällt (bis uns jemand darauf hinweist ☺). Es ist nicht wichtig, *wie* wir wahrnehmen (über welchen Sinneskanal, über die äußere oder die innere Sicht), sondern, was es für uns bedeutet bzw. was wir daraus machen.

Wir können davon ausgehen, dass wir auch in früheren Leben auf die unterschiedlichsten Arten sichtig gewesen sind. Falls es dazu noch belastende Erinnerungen geben sollte, erschweren sie möglicherweise unsere Wahrnehmung im Hier und Jetzt, wodurch es empfehlenswert sein kann, sie bei entsprechenden, reinigenden und klärenden Möglichkeiten und Meditationen loszulassen und zu verändern.

Wir nehmen immer genau so viel wahr und auf die Art und Weise, wie es uns im jeweiligen Moment möglich, für uns ausreichend, stimmig und gut ist. Darauf können wir vertrauen, denn das ist unser Selbstschutz vor Überforderungen.

Es gibt so unendlich viel, was wir wahrnehmen könnten und können, aber wir nehmen immer nur einen Ausschnitt von dieser Fülle wahr. Es geht gar nicht anders, denn selbst wenn die Fähigkeit des Sehens stark entfaltet und entwickelt ist, gibt es dabei keine absolute Wahrheit, sondern nur eine relative – unabhängig davon, ob wir etwas sehen oder jemand anderer uns sagt, was er wahrgenommen hat.

Wir sehen auch nicht alle das Gleiche. Es gibt Wahrnehmungsspezialisten für den physischen Körper, für emotionale Angelegenheiten, für die Erkenntnis von Ursachen, für die Auflösung von Belastungen aus der Vergangenheit, für das, was die Zukunft potentiell bringen könnte... Deshalb ist es so wichtig, unsere Wahrnehmungsfähigkeit nicht mit anderen zu vergleichen, sondern uns auf die eigene Stärke einzulassen, sodass sie sich weiter entwickeln kann. Wir dürfen darauf vertrauen, dass es einen Grund gibt, warum sich unsere Qualität so zeigt und ausdrückt, wie sie das eben tut. Es gibt einen übergeordneten Plan dazu. Jedes „Ich will aber mehr sehen“ oder „Ich will mit meinen physischen Augen sehen“ oder „Wann sehe ich endlich die Naturwesen“ oder ... ist ein Ausspruch unseres EGOns. Ihm reicht selten etwas so, wie es ist. Er ist ein großer Nimmersatt und liebt es, im Mangel zu sein. Für unser wahres Wesen hingegen passt es immer so, wie es ist – es genügt ihm, und es ist damit zufrieden bzw. im Frieden. Daran können wir auch erkennen, wer sich in uns gerade zu Wort meldet. ☺

Noch ein sehr bedeutsamer Aspekt begleitet uns auf dem gesamten Weg des Sehens. Um ihn besser verstehen zu können, machen wir einen kleinen Ausflug in die Yoga-Tradition, die der avalonischen übrigens nicht unähnlich ist. Auf dem Yoga-Weg achtet man nicht auf die Entwicklung einer Sichtigkeit oder ähnlicher Fähigkeiten, denn man geht davon aus, dass es nur vom Wesentlichen ablenkt, was das Loslassen aller Identifikationen darstellt. Das schließt das Loslassen von dem, was wir gelernt haben, mit ein, und somit die Fähigkeit zu sehen, auch das, was wir wahrgenommen haben oder wahrnehmen. An diesen Punkt kommen wir ebenso auf unserem Seepriesterinnenweg – allerdings erst ein bisschen später. ☺ Wir haben manchmal die Tendenz, zu viel an Dingen, Erfahrungen, Stärken, Schwächen, an unserer Wahrnehmung und an dem, was und wie wir es wahrnehmen, anzuhaften. Wenn wir das tun, nährt es unseren EGOn, nicht unsere wahres Wesen. Jedes „Ich bin eine tolle Seherin" oder „Was habe ich wieder Besonderes gesehen" fördert, dass unser EGOn einen kugelrunden Bauch davon bekommt. Deshalb darf es, je mehr sich unsere Sicht entfaltet, immer unbedeutender werden, ob wir oder was wir wahrnehmen – das ist unser priesterliches Übungsfeld.

Doch zu Beginn dieser Reise stehen zuerst einige Möglichkeiten und Anregungen, um unser Drittes Auge pulsieren zu lassen. Wir sprachen schon von der Wichtigkeit der Verbindung zum Emotionalfeld und seinem Gleichgewicht mit dem mentalen Sein, über den guten Kontakt zu unserem wahren Wesen und über die stabile Verwurzelung und Erdung.

Zusätzlich kannst du, wenn du möchtest, das Licht des vollen Mondes (energetisch oder physisch) sanft auf dein Drittes Auge scheinen lassen, um es mit Vertrauen zu füllen und es anzuregen. In weiterer Folge kann die silberfarbene Energie des Mondes über dein Stirnzentrum zu deinen physischen Augen fließen und dabei ein Dreieck aus Mondlicht formen, wobei die Spitze in der Mitte deiner Stirn ist und die äußeren Eckpunkte in deinem rechten und linken Auge. Du kannst mit deiner Aufmerksamkeit bei dem Monddreieck bleiben und spüren, wie es die Verbindung zwischen deinem Dritten, deinem rechten und linken Auge stärkt und dabei die Fähigkeit zu sehen erweitert. Dann kannst du, wenn du möchtest, die silberfarbene Energie des Mondes über das Dreieck und aus deinem Dritten Auge bis in dein Stammhirn strömen lassen. Hier werden deine unterstützenden Erinnerungen an deine Fähigkeit zu sehen aktiviert, sodass sie sich über deine Gehirnhälften mit deinem Stirnzentrum und deinen physischen Augen vernetzen. Weiter kann das Mondlicht über deine Stirn und deine Triangulation zu deinem Herzen fließen, sodass dieser Austausch gefördert wird und deine Wahrnehmungen von der Liebe deines Herzens durchdrungen sind. Abschließend geht die Mondenergie bis zu deiner Basis und deinem Wurzelzentrum, wodurch all das, was du über dein Sehen wahrnehmen kannst, klar übersetzt und auf die Erde gebracht wird.

Wenn du möchtest, kannst du in diesem Energiefluss bleiben und all das, was zu den Themen, die dich gerade bewegen, gehört, aufsteigen und entstehen lassen, oder du betrachtest dabei einen Menschen oder einen Kristall, der vor dir ist und zu dem du eine Frage hast. Dann danke dem Mondlicht, entlass es aus deinem System, sodass es sich wieder zurückzieht, und schließe die Übung auf deine eigene Art und Weise ab.

Für die Priesterinnen vom See spielt(e) das Wasserelement eine besondere Rolle. Wir erwähnten bereits, dass du dir ein Mondwasser herstellen kannst, mit dem du, zur Förderung deiner Wahrnehmung, dein Drittes Auge immer wieder benetzen kannst. Zusätzlich ist es möglich, dir eine für dich schöne und stimmige Schale auszuwählen, die du nur für deine Sichtübungen nutzen solltest. Wann immer du möchtest, als auch zu den Jahreskreisfesten oder zu deinen Mondfeiern, fülle sie mit Wasser. Aktiviere deinen blauen Halbmond und sei mit dem avalonischen Schwingungsfeld in Kontakt. Stell deine Fragen und formuliere deine Anliegen. Richte dich auf die Antworten der Großen Mutter aus. Dein Blick ruht auf der Wasseroberfläche. Beobachte, was sich für dich zeigt und was du darin und darüber erkennen kannst. Lies aus dem Wasser. Abschließend danke dem Wasser und allen Energien, mit denen du verbunden gewesen bist, und finde einen für dich passenden Abschluss. Das Wasser kannst du hinaus in die Natur tragen, es dort entleeren (auch in einem Blumentopf), um es Gaia zurückzugeben und sie darüber zu segnen.

Das Betrachten von 3D-Bildern hilft, das Sehen ebenso zu entwickeln, genauso, als wenn du eine Pflanze oder einen Kristall vor einer hell beleuchteten, weißen Wand immer wieder anschaust. Dabei verschwimmt der Blick leicht, er wird „mild", und du kannst beginnen, das aurische Feld des Gegenstands als hellen Strahlenkranz zu erkennen und meist etwas später als bunte Energiefelder.

Es gibt noch ein nettes Wahrnehmungsübungsspiel, das du beispielsweise mit einer Freundin oder einem Freund ausprobieren kannst. Dazu bitte dein Gegenüber, eine Tasse zu halten und dabei an etwas zu denken und die entsprechenden Gefühle zu spüren, ohne dir etwas davon zu sagen. Dann nimm das Gefäß in deine Hände und beginne es zu „lesen". Versuche zu sehen und zu erspüren, woran deine Freundin oder dein Freund gedacht und wie sie/er sich dabei gefühlt hat.

Wie gesagt, das Thema Sicht ist ein weites Feld. Das ist ein wunderbarer Einstieg zum Üben und Ausprobieren, auch um deine Wahrnehmung der Naturwesen zu fördern, die einen so wichtigen Teil von Avalon bilden und zu denen wir zu einem späteren Zeitpunkt noch kommen werden.

Mögen dich das Urvertrauen der Großen Mutter und das Licht von Avalon allezeit segnen!

Morgana berührt dein Drittes Auge

Meditation

Mache es dir bitte bequem. Du kannst sitzen oder liegen, so wie du möchtest. Komm im Hier und Jetzt an, in dem du deinen Körper spürst und wahrnimmst. Erlaube dir, dich zu entspannen. Lege eine Hand auf dein Herz, sei im Kontakt mit deinem wahren Wesen und lass es leuchten und strahlen. Sei eins mit ihm und verkörpere es. Jetzt!

Spüre den blauen Halbmond auf deiner Stirn. Aktiviere ihn und erlaube, dass er pulsiert. Sei die Priesterin, die du bist. Verbinde dich mit dem avalonischen Schwingungsfeld und nimm die Liebe der Großen Mutter wahr, die dich durchströmt. Atme tief ein und aus. Morgana ist mit dir, genauso wie alle anderen Seepriesterinnen und Hohepriesterinnen. Über den grünen Strahl bringt dich Morgana nach Avalon, zum Fuße des Tors. Sie beschreitet mit dir den alten Prozessionsweg, bis hinauf zum Steinkreis, wo dich die Hüterwesenheit begrüßt und segnet. Geh durch das Dimensionstor spiralförmig-kreisend in die Mitte des Steinkreises, in das Herz von Avalon. Nimm wahr, wie dich die avalonische Energie durchfließt und eins mit dir ist. Jetzt!

Morgana beginnt, zu dir zu sprechen:

„Wir grüßen und segnen dich im Namen aller Priesterinnen und Hohepriesterinnen Avalons, geliebte Schwester, geliebte Priesterin, die du uns bist. Sanft berühren wir dein Drittes Auge und den Halbmond auf deiner Stirn. Er ist eine Mondschale, die ebenso die Aufgabe hat, deine Sicht und deine Wahrnehmung anzuregen, sodass du alles, was dir hilft, deine Aufgabe zu erfüllen, an- und aufnimmst, anziehst und dir somit zur Verfügung steht.

Auch dieses Mondsymbol

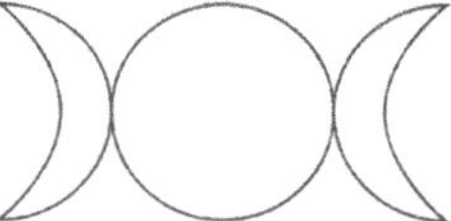

kannst du visualisieren und nutzen und es mit der Energie des Mondes füllen, um die Vergangenheit, die Gegenwart und die Zukunft zu erkennen. Es ist möglich, dass du eine Situation oder einen Menschen energetisch in die Mitte legst und in den Kreis gibst. Dann kannst du auf dich wirken lassen und empfangen, was gewesen ist und möglicherweise zu der aktuellen Fragestellung geführt hat, wie im Moment damit umzugehen ist oder wohin es führen wird. Abschließend entlässt du die Situation oder den Menschen wieder aus dem Zentrum des Mondzeichens.

Wir lassen das silberfarbene Licht des Mondes behutsam in deinem Dritten Auge arbeiten, um es erneut mit Vertrauen zu füllen und von allem zu befreien, was deiner Wahrnehmung und deinem Wahrnehmen im Wege steht. Atme tief ein und aus. Wir segnen dein Drittes Auge, sodass dein Blick darauf ausgerichtet ist, was Liebe fördert, was verbindet und Frieden bringt, auf Lösungen und auf die Neue Zeit. So kannst du dich voller Freude auf das Schöne einlassen, das du wahrnehmen und sehen kannst, um es mit anderen Menschen zu teilen. Wir heben die Schleier von deinem Dritten Auge, sodass dir die Erkenntnisse zufließen, die für dich und deinen Weg wichtig sind.

Unsere Avalon-Energie durchdringt dein Drittes Auge. Wir bitten dich wahrzunehmen, wie es pulsiert und dass es eine starke rezeptive und dynamische Qualität hat, so, wie letztend-

lich jedes deiner Energiezentren. Du kannst spüren, wie dir Energien und Informationen über dein Drittes Auge zufließen und wie du gleichzeitig antwortest, ohne dass dir das bisher vielleicht bewusst gewesen ist. Du kommunizierst über dein Stirnzentrum – und zwar telepathisch. Selbst unbemerkt tust du dieses ständig. Wir bitten dich, in Zukunft darauf zu achten. Halte während deiner Gespräche inne, gehe mit deiner Aufmerksamkeit zu deinem Dritten Auge und nimm diese Kommunikation, die ohne Worte ist, wahr. Was empfängst du? Was sendest du?

Nun beginnen wir, unsere Energie über dein Drittes Auge in dein Gehirn einströmen zu lassen, um deine Gehirnhälften darüber zu vernetzen. Fühle auf deine Art und Weise, dass wir dich in einen noch bewussteren und tieferen Kontakt mit der Priesterin, die du bist, bringen, wodurch wir dein Sehen und Wahrnehmen mit deinem Herzen verbinden. Wir dehnen unsere Schwingung aus und nehmen deine physischen Augen mit dazu, die wir durchwirken, genauso wie dein Stammhirn und dein Rückenmark, worüber wir zu deiner Basis kommen. Atme tief ein und aus. Das avalonische Licht und die Liebe der Großen Mutter erfüllen dein Fundament und dein Basiszentrum und verstärken seine Stabilität. Unsere Energie fließt und aktiviert alle deine Erinnerungen an dein Sehen. Vielleicht tauchen in diesem Kontext Bilder und Eindrücke oder sonstige Impulse in dir auf. Halt inne und nimm wahr. Jetzt!

Wir ergänzen, dass du, wann immer du in deine Wasserschale blickst, unsere Gegenwart spüren kannst. Wir sind dann da. So, wie du die Schale dabei in deinen Händen hältst, tun wir dieses ebenso. Unsere Avalon-Energie strömt dann in die Schale und in das Wasser, um deine Wahrnehmung zu fördern, sodass die Informationen, die du dabei erhältst, ganz klar und deutlich sind.

Wir berühren, wann immer du es möchtest, dein Drittes Auge. Möge dein blauer Halbmond leuchten und strahlen. Möge die Kraft Avalons über und durch dich hinausgetragen werden auf die Erde, wodurch sich Frieden ausdehnt. Denn es ist deine Aufgabe als Seherin, über deine Sicht in jeden Unfrieden, den du wahrnehmen kannst, Frieden einfließen zu lassen. Erkenne die Macht deiner Bilder und deiner Eingebungen, die deine Wahrnehmungen sind. Du kreierst darüber Welten und Wirklichkeiten, für die du verantwortlich bist. All das sind deine Kinder. Werde dir bewusst, was dieses bedeutet, und bewege es in deinen Meditationen in deinem Herzen. Wir danken dir und segnen dich. Sei gesegnet.

Wir lösen uns aus Mitte des Steinkreises, gehen mit dir spiralförmig-kreisend zurück durch das Dimensionstor, vorbei an der Hüterwesenheit, die dich segnet, über den Prozessionsweg und den grünen Strahl in deinen Raum und in deine Zeit, wo wir mit dir ankommen und sind. Jetzt!

Wir verabschieden uns von dir. Dein blauer Halbmond ruht. Das Schwingungsfeld von Avalon zieht sich zurück. Wir sind Morgana. Die Große Mutter segnet dich. Sei gesegnet."

Mögen dich die Klarheit der Großen Mutter und das Licht von Avalon allezeit segnen!

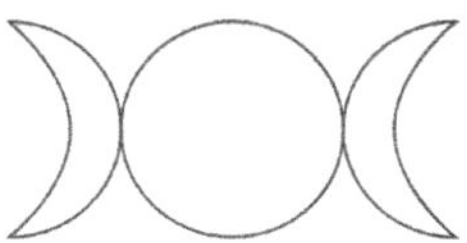

Botschaft von Viviane

„Wir sind Viviane. Wir grüßen und segnen dich, geliebte Tochter Avalons, die du uns bist. Wir laden dich ein, mit uns in die Blütezeit, in das sogenannte Goldene Zeitalter von Avalon, zurückzukehren. Nimm wahr, welch Frieden und Glanz über Avalon lagen. Die Priesterinnen waren eine Gemeinschaft, die im Einklang mit sich, der Großen Mutter und dem Großen Ganzen im Dienst an der Menschheit wirkte.

Auch über die Apfelbaumblüte, das Wachsen und Ernten der Äpfel wurden der Verlauf der Jahreszeiten mit verfolgt und die Jahreskreisfeste gefeiert, genauso wie die anderen heiligen Gewächse der Großen Mutter mit beobachtet wurden, wie beispielsweise der Weißdorn. Doch der Apfelbaum und die Apfelfrucht hatten einen besonderen Stellenwert. Der Apfel repräsentiert nicht nur die Göttin selbst, sondern auch Avalon, Fruchtbarkeit, Fülle und Wohlstand. Wir bitten dich noch heute, wann immer du einen Apfel isst, daran zu denken und dich darüber mit Avalon zu verbinden und verbunden zu fühlen. Wir danken dir dafür.

Die Tore zum Reich der Naturwesen standen so weit offen, dass es ein fließendes Ein- und Ausgehen zwischen den Welten war. Deshalb gab es keine Trennung zwischen den Menschen und den Wesen der Anderswelt. Es wurde miteinander gelebt, gefeiert und geliebt. Beide Ebenen lernten voneinander, sodass es für sie bereichernd war.

Atme tief ein und aus. Erlaube, dass diese Hoch-Zeit Avalons in dir erneut lebendig sein darf und ist. Nimm wahr, dass der Austausch und die Kommunikation mit den Naturwesen natürlich und selbstverständlich waren, vor allen Dingen für die Pries-

terinnen vom See. In ihnen schwang eine große Liebe zu dem magischen König- und Königinnenreich.

Das Zusammenleben der Mondpriesterinnen auf der Apfelinsel war klar strukturiert und aufgeteilt.

Früh morgens wurden die ersten persönlichen als auch kollektiven Aufgaben erfüllt, was sich über den Tag verteilt fortsetzte. Auch wenn sich die Schwesternschaft vom See als Kreisgemeinschaft empfand, in der jede ihren Platz hatte, gab es eine innere Ordnung und somit eine Hierarchie. Deshalb bitten wir dich, deine möglichen Resonanzen auf diesen Begriff zu wandeln. Denn selbst im Chaos gibt es eine Ordnung und dadurch einen hierarchischen Ansatz. Es geht also nicht darum, grundsätzlich alle Hierarchie-Systeme aufzulösen, sondern nur jene, die überholt, einengend, unheilsam und unstimmig sind. Ob es eine solche veränderungswürdige Hierarchie ist, erkennst du daran, ob es dir auffällt, dass es eine gibt, oder ob du es nicht bemerkst bzw. nur, wenn du es dir sehr bewusst vor Augen führst. Wenn sie da ist, ohne dass sie überhaupt bzw. dass sie kaum registriert wird, ist sie eine wohlwollende und unterstützende. Dann gibt sie Sicherheit und Geborgenheit für alle, die Teil dieser Gemeinschaft sind.

Allen Priesterinnen war es eine große Freude, den Weg der Großen Mutter gehen zu können. Sie waren bestrebt, zu lernen, zu wachsen und die Botschaften und Weisheiten der Göttin immer besser zu verstehen. Auf diesem Pfad waren sie behütet, auch durch die Gegenwart und Unterstützung der anderen See- und Mondschwestern. Dieser Zusammenhalt wirkte wie ein Schild, er bildete ein eigenes Energiefeld, sodass Avalon unantastbar von äußeren Einflüssen blieb. Jede Priesterin bewegte sich in diesem Schwingungsfeld, wodurch sie ohne Worte über große Distanzen hinweg, beispielsweise über ihre Visionen, mit anderen kommunizieren konnte. Alle waren immer mit dem Herzen Avalons verbunden und wurden von der Mutterschlange genährt, unabhängig davon, wohin sie ihre Reisen und Aufgaben führten. Sie fühlten sich auch dabei als Teil des avalonischen Energiefelds und der Gemeinschaft der Schwestern, und so trugen sie Avalons Botschaft, die Botschaft der Großen Mutter, weit über den gesamten Kontinent verstreut hinaus.

Wir bitten dich, dieses ebenso in dir und über dich lebendig sein zu lassen. Jetzt!

Denn es ist deine Aufgabe, über die erneute Intensivierung der Verbindung zum Herzen von Avalon dieses Schwingungsfeld wieder zu stärken, ein Teil davon zu sein und die Liebe der Großen Mutter über den Ort, an dem du lebst und wirkst, ausstrahlen zu lassen.

Avalon war und ist geprägt von Lemurien und den Zeiten davor. Zu seinen Urmüttern gehören lemurianische genauso wie vorlemurianische Wesen. Über die Völker der vorkeltischen Epochen und den frühen Anfängen des Keltentums entstand diese avalonische Hochphase. Avalon stand für Harmonie, Einklang, Frieden, Wohlstand, Fülle und Macht. Es war ein Symbol für einen Goldenen Morgen und ein Goldenes Zeitalter. Deshalb gab es auch mehrere Orte als das heutige Glastonbury, die Avalon oder ähnlich hießen und wo die avalonische Energie präsent und verankert war.

Wir haben dich eingeladen und gerufen, um dich erneut als Priesterin zu fühlen, damit du dieses weiter- und aufleben lässt. Das ist der Grund dafür. So bitten wir dich noch einmal, Avalon in seiner Blütezeit zu erleben. Jetzt!

Spüre die vielen weit geöffneten Tore, die in die unterschiedlichsten Richtungen führen. Sie bringen dich nicht nur in das Reich der Naturwesen, sondern auch in das Herz von MU, wodurch du in den lemurianischen Energien schwelgen kannst, genauso wie zu den Sternen, auf die wir noch zu sprechen kommen werden. Avalon verstand sich als Vermittler und Vermittlerin und ebenso seine Priesterinnen. Dieser Austausch war so befruchtend, es war eine Basis der avalonischen Fülle und des Wohlstands.

Zu manchen Jahreskreisfesten und heiligen Zeremonien wurden auch Druiden und Barden eingeladen, um sich mit den Mondpriesterinnen auszutauschen und zu feiern. Es gab einen sogenannten inneren Kreis, über den die Hohepriesterinnen und die Merline vernetzt waren und zum Wohl aller Schwestern- und Bruderschaften und Schulen im Sinne der Großen Mutter kommunizierten und Entscheidungen trafen.

Manchmal kamen Frauen von außerhalb, um ihre Kinder auf der Apfelinsel zu gebären. Einige dieser Neugeborenen blieben von Anfang an, um zur Priesterin ausgebildet zu werden. Unabhängig davon wurden auch viele der späteren Mondpriesterinnen bereits als Kinder nach Avalon gebracht, um mit ihren Schulungen früh beginnen zu können. Die Priesterinnen selbst schenkten manches Mal einem Kind das Leben, das hier und im Zwischenreich aufwachsen konnte. So blieb das Herz von Avalon lebendig. Die unendliche Lebenskraft wurde gefeiert.

Wenn eine Hohepriesterin ihren physischen Körper ablegte, war das ein bewusster Akt. Sie führte, unterrichtete und unterstützte die Seepriesterinnen über die feinstoffliche Ebene weiter, was sie bis zum heutigen Tag tut. Ihre Nachfolgerin erhielt schon im Vorfeld spezielle Vorbereitungen und Einweihungen, um diesen Platz übernehmen zu können. Und ihre Vorgängerin lebte ein Stück weit in ihr und über sie fort.

Die Energie von Avalon ist so kraftvoll. Erkenne und begreife.

Wir bitten dich erneut, diese Erinnerungen daran lebendig zu haben und zu halten. Es hilft dir, deinen avalonischen Weg weiterzugehen und mit den Priesterinnen vernetzt zu sein. Dieses Schwingungsfeld des goldenen Avalons pulsiert nach wie vor. Seine Weisheit ist zeitlos und dient der Evolution der Menschheit in diesen Tagen. Wir danken dir. Wir sind Viviane. Wir begleiten dich jetzt und weiterhin. Wir segnen dich und den blauen Halbmond auf deiner Stirn. Wir ziehen uns für den Moment zurück. Wir segnen dich im Namen von Avalon und der Großen Mutter, die keinen Anfang und kein Ende hat und ewig ist. Sei gesegnet."

Mögen dich die lebensspendende Kraft der Großen Mutter und das Licht von Avalon allezeit segnen!

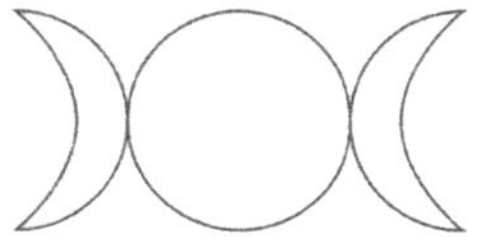

Feenmedizin

Laut Wikipedia ist Medizin die Wissenschaft der Vorbeugung, Erkennung und Behandlung von Krankheiten und Verletzungen bei Menschen und Tieren. Für uns ist alles, was guttut, Medizin! Dementsprechend gibt es unzählig viel Medizin, so unter anderem auch Feenmedizin.

Die Feenmedizin ist ein weiteres Herzstück des avalonischen Wegs. Sie beinhaltet die Kommunikation, den Austausch und das Einlassen auf das Reich der Naturwesen. Feenmedizin ist das, was die Heilerinnen unter den Seepriesterinnen nutzten und anwendeten, auch jene, die als Hebammen wirkten.

Wie bereits erwähnt, gingen die Seepriesterinnen im Reich der Naturwesen ein und aus, denn die Dimensionstore, die die Menschenwelt mit der Anderswelt verbinden, standen weit offen. Die Schleier bzw. die Nebel, von denen im avalonischen Kontext gesprochen wird, wurden im Lauf der Zeit immer undurchlässiger und für die Priesterinnen schwieriger zu lüften und zu heben. Es waren die Zugänge zum Reich der Naturwesen und die Dimensionstore, die sich dabei mehr und mehr schlossen. Ein Teil von Avalon glitt mit hinein und blieb im Zwischenreich, als die Tore sich nicht mehr öffnen ließen und die Nebel nicht mehr aufzulösen waren. Der Zugang zu diesem verschollenen Anteil blieb lange verborgen. Mittlerweile ist er wieder frei, sodass wir mit der gesamten Kraft Avalons, die uns wieder zur Verfügung steht, wirken können.

Das Feenreich selbst ist ein Vielvölkerstaat. Es gibt verschiedene Familien, Stämme, Clans, Häuser, sogenannte Fürstengeschlechter, Elfenhäuser, Zwergenvölker bis hin zu den Baumdevas und den Pflanzenfeen und -elfen. Einige von ihnen gehörten zu den ersten und frühen Völkern, die auf der Erde lebten und sich, als sich die Schwingungsqualität von Gaia verdichtete, mehr und mehr in die Anderswelt zurückzogen. Sie werden noch *heute Blaues Volk, Hidden People, Kleine Menschen oder Kleines Volk* genannt, wozu beispielsweise die Túatha Dé Danann zählen. Andere Wesen im Reich der Naturwesen stammen direkt aus dieser Welt, waren immer dort und haben sie nie verlassen. Unter ihnen gibt es Wesenheiten, die so mit der Natur verwoben sind, dass sie zum Beispiel nicht getrennt von einer Pflanze wahrgenommen werden können; sie scheinen die Pflanze zu sein, während weitere sozusagen um die Blumen, Kräuter und Bäume herumtanzen und eine ausgeprägte, eigenständige Persönlichkeit darstellen. Manche Naturwesen wirken als großes Kollektiv und haben kaum eine individuelle Persönlichkeit, andere sind wiederum das genaue Gegenteil dazu. Die Geschöpfe der Anderswelt sind sehr unterschiedlich und bunt.

Unsere Verbindung und Resonanz zum Reich der Naturwesen kann verschiedene Wurzeln haben.

Vielleicht waren wir in einem früheren Leben Teil der Anderswelt und lebten in ihr? Vielleicht pflegten wir in alten Zeiten innige Freundschaften mit den Naturwesen, hatten mit ihnen einen regen Austausch und arbeiteten mit ihnen eng zusammen? Oder eine unserer großen Lieben, die wir erfahren durften, war eine Begegnung und eine innige Verbindung mit einem Wesen aus dem Naturreich? Doch unabhängig von unseren persönlichen Zugängen zu den Naturwesenheiten unterstützt die Zeitqualität jetzt das erneute Zusammenwirken mit ihnen. Zum einen, weil sich die Welten wieder mehr durchdringen, um gemeinsam den Neuen Morgen zu kreieren, wodurch auch alte, noch belastende Erinnerungen an Trennungserfahrungen vom und mit dem Reich der Naturwesen heilen und in die Balance gebracht werden können, da die Reiche wieder mehr und mehr eins werden.

Zum anderen verändert sich darüber unsere Wahrnehmung von und unser Kontakt zu den Elementen und der Erde selbst, sodass wir leichter Lösungen für aktuelle, globale, ökonomische und ökologische Herausforderungen finden können und werden.

Um uns auf die Feenmedizin, die aus der Zusammenarbeit mit den Naturwesen und den Naturkräften entsteht, einlassen zu können, ist es für manche Menschen hilfreich, sich mit den Heilwirkungen von Pflanzen zu beschäftigen. Deshalb laden wir dich ein, falls dich dieser Bereich interessieren sollte, dieses zu tun. Zum Thema Pflanzen- und Kräuterheilkunde gibt es so zahlreiche Veröffentlichungen mit unterschiedlichen Schwerpunkten, dass du darin einfach schmökern und das wählen kannst, was für dich stimmig ist und dir Freude bereitet. Allerdings ist es für das Wirken mit der Feenmedizin nicht erforderlich, etwas über die physische Heilkraft von Pflanzen zu wissen, weil wir dabei primär auf bzw. über die energetische Ebene arbeiten, weshalb es dabei auch keine Nebenwirkungen oder eine Überdosierung geben kann.

Unabhängig davon, dass wir uns, wann immer wir möchten, von den Naturwesen berühren lassen und uns ihre Welt vertrauter machen können, gehört zu Feenmedizin beispielsweise Folgendes:

Finde einen Kieselstein, der dich anspricht. Halte ihn in deinen Händen. Reise wie gewohnt mit Morgana nach Avalon in die Mitte des Steinkreises. Nimm die Naturwesen wahr, die um dich sind. Sie berühren deinen Stein und lassen all jene Energien aus dem Feenreich in ihn hineinfließen, die dir im Moment guttun oder speziell auf die Lösung eines Themas, das dich beschäftigt und das du verändern möchtest, ausgerichtet sind. Dein Kieselstein wird so mit Feenmedizin gefüllt. Im Anschluss daran verabschiede dich von den Naturwesen. Morgana bringt dich zurück in deinen Raum. Du trägst den Stein bei dir und kannst ihn dir intuitiv auflegen, wie und wo du möchtest. Wenn er seine Aufgabe erfüllt hat, danke ihm und bringe ihn zurück in die Natur.

Morgana bringt dich in das Zentrum von Avalon. Dort mache es dir bequem. Spüre die Gegenwart der Naturwesen. Sie kommen zu dir und berühren deine Körper oder eine Körperstelle, die vielleicht schmerzt und heilsame Energien benötigt. Sie legen dir die entsprechenden Kräuter auf, wobei es nicht wichtig ist, ob du sie erkennst, sie machen dir Umschläge und Wickel oder salben die betreffenden Bereiche deiner bzw. deines Körpers. Wenn die Heilbehandlung beendet ist, ziehen sich die Naturwesen wieder zurück. Du kannst ihnen danken, wiederkommen, wann immer du möchtest, und mit Morgana in deinen Raum zurückgehen.

Wenn du mit Morgana im Herzen von Avalon und mit den Naturwesen in Kontakt bist, kannst du sie auch um ein sogenanntes Feenpflaster bitten. Es unterstützt die Heilung von zum Beispiel Brüchen jeglicher Art und Wunden (auch nach Operationen). Es besteht ebenfalls aus verschiedenen Kräuterstoffen und Feenenergien, die individuell angepasst werden. Es bleibt energetisch „kleben", bis es seine Aufgabe erfüllt hat und sich dann auflöst.

Du kannst dich von den Naturwesen über das Zentrum von Avalon auch zu einer Blumenwiese führen lassen. Auf ihr wachsen jene Kräuter und Pflanzen, die dir guttun bzw. dir behilflich sind, um an einem Thema, das dich bewegt, zu arbeiten. Dort wirst du eingeladen, es dir bequem zu machen, und, während du tief ein und ausatmest, die heilsamen Schwingungen in dich aufzunehmen und in dir wirken zu lassen. Abschließend bringen dich die Feen und Elfen wieder zurück in die Mitte des Steinkreises, sodass es dir möglich wird, diese Behandlung auf die bereits gewohnte Art und Weise abzurunden.

Mit all diesen Anregungen kannst du auch andere Menschen unterstützen, indem du sie anleitest, sodass sie darüber in den Kontakt mit den Naturwesen kommen, oder du sie energetisch mit nach Avalon nimmst, wo sie von den Feen und Elfen entsprechend berührt und geführt werden, oder du den Naturwesen Fragen stellst, welche Schwingungsqualitäten aus dem Pflanzenreich heilsam wären.

Feenmedizin bedeutet, dass du mit offenem Herzen und wachen Sinnen in die Natur gehst, die Pflanzen, die dir begegnen, liebevoll und achtsam (physisch und energetisch) antastest, mit ihrem Wesen Kontakt aufnimmst, ihnen zuhörst und ihre Botschaften empfängst, wobei diese Pflanze helfen möchte – dir und ganz allgemein anderen Menschen. Vielleicht schenkt sie dir dabei ein Stück davon, das du trocknen, aufbewahren, auflegen, bei dir tragen oder an jemanden weitergeben kannst. Darüber verströmt sie ihre Energie und verteilt ihre Geschenke. Bitte, mach dich regelmäßig auf diese Entdeckungsreisen. Notiere dir erneut deine Erfahrungen, Erlebnisse und Erkenntnisse in deinem persönlichen Avalon-Buch. Wir danken dir dafür.

Mögen dich die Lebensfreude der Großen Mutter und das Licht von Avalon allezeit segnen!

Begegnung mit den Naturwesen

Meditation

Finde eine für dich bequeme Haltung im Sitzen oder im Liegen. Spüre deinen Körper und komm darüber im Hier und Jetzt an. Entspanne dich auf deine Art und Weise. Atme tief ein und aus. Leg eine Hand auf dein Herz. Berühre dein wahres Wesen und lass es leuchten und pulsieren, sodass es die Gesamtheit, die du bist, erfüllt. Sei eins mit ihm. Jetzt!

Aktiviere den blauen Halbmond auf deiner Stirn, sodass er sanft zu pulsieren beginnt. Verbinde dich mit dem avalonischen Schwingungsfeld. Die Liebe der Großen Mutter fließt zu dir und durch dich. Morgana nimmt Raum. Sie lädt dich ein, die Priesterin zu sein, die du bist, und deinen Austausch mit den anderen Seepriesterinnen und Hohepriesterinnen zu spüren. Über den grünen Strahl führt dich Morgana nach Avalon. Sie geht mit dir über den Prozessionsweg zum Steinkreis hinauf. Die Hüterwesenheit begrüßt und segnet dich. Komm durch das Dimensionstor spiralförmig-kreisend in der Mitte des Steinkreises, im Herzen von Avalon an. Erlaube, dass dich die avalonische Energie und Kraft durchströmt. Jetzt!

Morgana sagt:

„Wir grüßen und segnen dich, geliebte Schwester, geliebte Mondpriesterin, die du uns bist, im Namen aller Priesterinnen und Hohepriesterinnen Avalons. Alle Schleier und Nebel sind gelüftet. Die Tore stehen weit offen, sodass du mit uns nun tiefer hinein in das Reich der Naturwesen eintreten kannst. Atme tief ein und aus. Nimm wahr, dass sie sich dir nun alle zeigen. Lass dir Zeit, um sie auf deine Art und Weise zu sehen, zu spüren, zu

riechen, zu schmecken, zu hören und zu wissen, dass sie da sind. Mach sie dir vertraut und erfahre, welche du wie und woran erkennen kannst. Erlebe dich in diesem innigen Austausch mit den Naturwesen.

Die Feen, Elfen und anderen Wesen übermitteln dir, wie sie dich in deinem Alltag berühren und wie du fühlen und wissen kannst, dass sie da sind. Vielleicht, weil sich ein bestimmtes Blatt einer Zimmerpflanze dann immer bewegt. Oder du einen ganz speziellen Duft in die Nase bekommst. Oder weil durch ihre Gegenwart dein Blick jedes Mal auf eines deiner Bilder oder einen Gegenstand gelenkt wird.

Atme tief ein und aus und vertraue deiner Wahrnehmung. Die Naturwesen führen dich nicht nur durch die Räume, in denen du dich während der Erfüllung deiner alltäglichen Aufgaben aufhältst, sondern auch durch die damit verbundenen Situationen. Dabei zeigen sie dir, wo sie zu finden sind und was sie dort tun. Sie weisen darauf hin, wie sie dich durch dein Leben begleiten.

Nun tauchen sie mit dir tiefer in die Anderswelt hinein. Sie bringen dich zu Orten in ihrem Reich, mit denen du über dein Seepriesterinnensein verbunden bist, und erklären dir die Zusammenhänge. Falls du selbst ein oder mehrere Leben im Reich der Naturwesen geführt hast und darüber ein Teil von dir ein Elfenselbst ist, können sie dieses, wenn du möchtest, sanft zum Leuchten und zum Pulsieren bringen, damit es lebendig sein darf. Jetzt!

Darüber ist es möglich, die Wesen dieses Reiches besser und leichter zu sehen und zu verstehen, genauso wie dir ihre Welt noch selbstverständlicher wird und die Tatsache, dass du dich in ihr bewegen kannst. Atme immer wieder bewusst ein und aus, um alle Berührungen auf deine Art und Weise zu spüren, zu erfahren und zu integrieren.

Falls von dem Auseinanderdriften der Reiche noch belastende Erfahrungen in dir sein sollten, fließt die Energie der Naturwesen dorthin, um sie zu wandeln, in die Aussöhnung und in die Heilung zu bringen. Du darfst dir dafür so viel Zeit schenken, wie du benötigst, um diese Erlebnisse loszulassen und zu integrieren. Jetzt!

Vielleicht hast du deine große Liebe im Reich der Naturwesen zurückgelassen, als sich die Zugangstore zu schließen begannen. Wenn ja, dann können auch dieser Trennungsschmerz, dieser Verlust und diese Erfahrung nun heilen, falls es erforderlich sein sollte. Die liebevollen Schwingungen der Naturwesen, die dich begleiten, strömen dorthin und lösen alles behutsam und sanft auf, sodass sich Leichtigkeit und Lebensfreude ausbreiten können. Jetzt!

Atme tief ein und aus.

Nun bitten wir dich wahrzunehmen, dass du dieser deiner großen Liebe, falls es sie im Reich der Naturwesen gegeben hat und gibt, erneut begegnen darfst. Sie zeigt sich dir. Sie berührt dich. Ein inniger Austausch breitet sich aus und findet wieder seinen Ausdruck. Diese Innigkeit beginnt erneut zu fließen, und du kannst sie, auf deine Art und Weise, leben, um dich rund zu fühlen. Lass einen Tanz entstehen, über den sich eure Schwingungsfelder vereinen. Genieße diese Begegnung, solange du möchtest. Jetzt!

Wisse, dass du, wann immer du nach Avalon kommst, diese Liebe leben kannst. Dein Geliebter/deine Geliebte kann dich auch in dein Leben begleiten und hier mit dir an deiner Seite sein, wann immer und solange du möchtest. Das ist keine Flucht, sondern eine Erweiterung. Es bedeutet, dass du einem Teil von dir erlaubst, auch zu leben und zu sein . Das nährt die Gesamtheit, die du bist. Dadurch wird möglicherweise eine Sehnsucht gestillt, die bisher keinen Namen hatte. In weiterer Folge ist vielleicht zu beobachten, dass du dich auf bestehende Verbindungen und Beziehungen tiefer einlassen und sie noch mehr genießen kannst. Oder dass darüber deine Bereitschaft wächst, dich auf eine Begegnung vorzubereiten und dir zuzugestehen, dass sie erfüllend sein darf und stattfinden kann.

Nun beginnen dir die Naturwesen Kräuter und Pflanzen zu zeigen, die für dich und die Menschen deiner Umgebung wichtig sind und mit denen sie besonders gerne arbeiten. Sie übermitteln dir, was du damit tun und wie du sie nutzen kannst.

Du kannst den Naturwesen alle Fragen stellen, die du, unabhängig vom Thema, in deinem Herzen trägst. Sie geben dir gerne eine Antwort. Verweile in dieser Zwiesprache, solange du möchtest. Jetzt!

Falls du etwas Feenmedizin benötigen solltest, berühren sie deine Körperfelder oder die Körperstellen, die sich Unterstützung wünschen. Sie stellen Feenmedizin zur Verfügung und lassen sie einfließen. Bei dieser Gelegenheit teilen sie dir auch mit, in welcher Form du mit ihr weiterarbeiten könntest.

Die Naturwesen sagen dir, ob du auf diese Weise, wie jetzt gerade, mit ihnen Kontakt aufnehmen kannst, oder ob es eine Fee gibt, die dir ihren Namen nennen und deine Führerin sein möchte, um dich tiefer in das Reich der Naturwesen hinein zu begleiten und dich mit der Feenmedizin vertrauter zu machen, die du natürlich auch für Tiere, Pflanzen und Orte anwenden kannst. Atme tief ein und aus.

Verweile im Reich der Naturwesen, solange du möchtest. Jetzt!

Abschließend segnen dich die Feen und Elfen. Sie werden nun ein Fest feiern, um ihrer Freude über deine Rückkehr einen passenden Ausdruck zu geben.

Morgana bittet dich, dich zu verabschieden. Sie bringt dich aus der Mitte des Steinkreises über die Spiralbewegung durch das Dimensionstor zurück. Die Hüterwesenheit segnet dich. Morgana kommt über den Prozessionsweg, über Avalon, gemeinsam mit dir in deinen Raum und in deine Zeit. Spüre den Berührungen und den Erfahrungen mit den Naturwesen nach und integriere sie in deinem Sein im Hier und Jetzt! Morgana segnet dich und zieht sich für den Moment mit dem avalonischen Schwingungsfeld und der Großen Mutter zurück. Dein blauer Halbmond ist ruhig. Indem du deinen Körper wahrnimmst, erdest und zentrierst du dich und bist präsent. Sei gesegnet."

Mögen dich die Zärtlichkeit der Großen Mutter und das Licht von Avalon allezeit segnen!

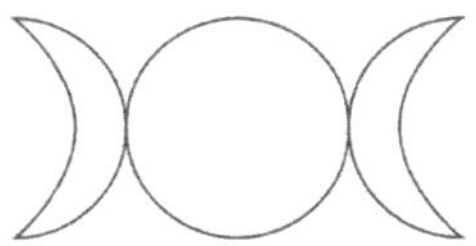

(Sirianischer) Sternenstaub

Wenn du möchtest, kannst du nun erneut deine Hand auf dein Herz oder intuitiv auf eine Stelle deines Körpers legen. Sei darüber im Kontakt mit deinem physischen Körper und nimm ihn bewusst wahr. Dann erlaube dir, dass du die Essenz, aus der deine Grobstofflichkeit geformt ist, zu fühlen beginnst. Es sind Sternenstaubpartikel, und zwischen ihnen dehnt sich jeweils ein unendlich leerer Raum aus. Du bzw. dein physischer Körper ist eigentlich sehr, sehr groß und weit. Dieser Sternenstaub in und mit dem leeren Raum pulsiert und ist lebendig. Das ist es, was dein physischer Körper ist und woraus er besteht. Atme tief ein und aus. Bleibe mit deiner Aufmerksamkeit bei dieser Wahrnehmung, solange du möchtest. Abschließend segne deinen wundervollen physischen Körper. Deine Hand kann über die Körperstelle streicheln, auf der sie ruht, bevor sie sich davon verabschiedet und löst. So runde dieses kleine Innehalten ab.

Das ist es also, woraus wir geformt sind, woraus Materie geschaffen ist: aus Sternenstaub. Ich finde diese Erfahrung, diese Ausrichtung und dieses Spüren immer wieder berührend, ausdehnend und heilsam. Lass dich darauf ein, wann immer du möchtest.

Da jeder grobstoffliche Körper aus Sternenstaub besteht, kannst du das fühlen und dich auf die gleiche Art und Weise darauf ausrichten und einschwingen, wenn du beispielsweise deine Katze oder deinen Hund streichelst, deinen Hamster oder dein Meerschweinchen in Händen hältst – also immer, wenn du in Kontakt mit Tieren bist und sie berührst. Das bezieht natürlich ebenso Pflanzen und Kristalle mit ein, als auch andere Menschen. Probiere es aus, wenn du möchtest. Es erweitert die

Wahrnehmung dessen, was wir alle sind, und von dem, was alles um uns ist.

Die Priesterin, die du bist, weiß, dass sie und wir alle von den Sternen kommen. Die Verbindung zum Kosmos, der Kontakt zu den Sternen und zum Teil zu Sternengeschwistern, die Kanalisierung kosmischer Energien, die Arbeit damit und von ihr und über sie zu lernen – all das findet sich in allen Mysterienschulen wieder. Das, was sie mitunter voneinander unterscheidet, sind die Schwerpunkte der Sternenfelder, die dabei gesetzt werden. Das heißt: Die Auswahl der Sternenebenen, die für eine Gemeinschaft besonders wichtig sind und auf die sie sich fokussiert, fällt unterschiedlich aus. Doch sie alle wussten und wissen, dass das Leben nicht erst auf und mit der Erde begonnen hat. Die kosmischen Kräfte und Schwingungsfelder mit einzubeziehen, das ist tief in uns verankert und Teil unserer inneren Weisheit und unseres wahren Wesens.

Deshalb war und ist es auch für die Seepriesterinnen selbstverständlich zu wissen, dass sie von den Sternen kommen und von ihren Energien geführt, begleitet und durchdrungen werden. Im avalonischen Kontext spielt(e) vor allen Dingen Sirius eine zentrale Rolle.

Sirius ist der hellste Fixstern des Sternbilds „Großer Hund". Für viele Kulturen galt er als Symbol für die sich immer wiederholende Transformation, aus der das ewige Leben entsteht, und diente ihnen als Kalender. Wenn wir im Zusammenhang mit Avalon mit dieser Sternenebene wirken, beziehen wir uns auf Sirius A, der unter anderem den weiblichen Fokus innerhalb dieses Sternenraums repräsentiert. Die sirianische Energie ist ein kristallines, hell durchscheinendes, blau(gold)weißes Licht. In den Bibliotheken von Sirius ist das Wissen über den Aufbau der menschlichen Körper und zahlreicher Pflanzen und Tiere gespeichert, sodass sie ein großes Heilpotenzial in sich tragen. Deshalb werden sie von den Heilerinnen unter den Seepriesterinnen zur Unterstützung gerne mit einbezogen. Wenn wir im Kontakt mit den Sirius-Bibliotheken sind, kann uns das zugespielt werden, was für den einzelnen Menschen, das Tier oder die Pflanze im Zusammenhang mit seinem/ihrem speziellen Thema und Anliegen zur Heilung benötigt wird. Diese Information ist auch beispielsweise in einem Bergkristall abspeicherbar, den wir (falls die Antwort und die Energie auf uns bezogen war) im Anschluss daran tragen und auflegen können, oder der betreffende Mensch, um den es geht. Falls dieser Kristall für ein Tier oder eine Pflanze bestimmt ist, können wir ihn zum Schlafplatz oder zu den Wurzeln geben.

Das Siriuslicht wirkt mit dem und auf das Kristallgitternetz der Erde und fördert die Aktivierung des Christusgitternetzes und somit unserer Lichtkörper.

Von Morgana wird gesagt, dass sie sowohl ein sirianisches Wesen sein, als auch direkt aus der Feenwelt stammen soll. Auf jeden Fall verbindet sie diese beiden Schwingungsqualitäten in und über sich. Manchmal werde ich gefragt, woher eigentlich die Naturwesen kommen. Nun – auch von den Sternen. Da am Aufbau dieses Lebensraums verschiedene Sternenebenen und Sternenwesen mitgeholfen haben, sind die Bewohner des Felds der Anderswelt auch so unterschiedlich. Sirius war an dieser Erschaffung beteiligt, und jene Naturwesen, die als Blaues Volk bezeichnet werden, sind sirianische Nachkommen und halten nach wie vor eine klare Verbindung zwischen Sirius und der Feenwelt aufrecht. Ihren Namen bekamen sie aufgrund ihrer bläulich schimmernden Haut.

Über diese Sirius-Anderswelt-Achse findet ein reger Austausch statt. Energien und Informationen fließen hin und her, beispielsweise auch die Information, welche Heilwirkung eine Pflanze in sich trägt. Wenn wir uns mit Kräutern und Blumen beschäftigen, wird deshalb auch unser Kontakt zu Sirius verstärkt. Genauso wie das Wirken mit den sirianischen Schwingungsqualitäten die Kommunikation mit dem Reich der Naturwesen fördert, wodurch ebenso das Interesse an Pflanzen wächst.

Das Siriuslicht ist eine HüterInnenenergie, sie behütet das Leben. Das bedeutet, dass alle Seepriesterinnen Hüterinnen des Lebens waren und sind. Über den blauen Halbmond auf ihrer Stirn sind sie nicht nur mit dem Mond und den lunaren Energien verbunden, sondern auch mit Sirius, was durch die blaue Farbe unterstrichen wird. Alle Priesterinnen Avalons waren und sind Mondpriesterinnen und Sirius-Botschafterinnen.

Wenn wir die Sirius-Anderswelt-Achse um Avalon erweitern, entsteht daraus ein Dreieck, wobei Sirius den integrativen Punkt bildet und das Reich der Naturwesen und Avalon die Grundlinie formen.

Sirius

Avalon Anderswelt

Wir können uns das Dreieck als räumliche Figur vorstellen, wodurch es zu einer Pyramide mit einer dreieckigen Grundfläche wird. Sowohl die Triangulation als auch die Pyramidenform werden von den sirianischen und avalonischen Energien und jenen aus dem Reich der Naturwesen gespeist und erfüllt. Um uns tiefer auf die Schwingungsqualitäten von Sirius, Avalon und der Feenwelt und auf deren Zusammenspiel einzulassen, und um die Entfaltung unseres Priesterinnenseins mit allem, was dazugehört, zu fördern, können wir, wenn wir möchten, mit diesem Dreieck bzw. der Pyramide arbeiten.

Dazu male ein blaues Dreieck auf ein Blatt Papier und lege es vor dich hin. Entweder stellst du dich darauf, um in der Mitte der Triangulation zu sein, oder du visualisierst dich, wie du im Zentrum bist. Wenn du dich innerhalb des Dreiecks spürst, kannst du wahrnehmen, dass es eigentlich ein pyramidales Konstrukt um dich aufbaut, sodass du dich letztendlich in einer Pyramide befindest. In dieser verweile. Dabei durchströmen und umfließen dich das Siriuslicht, die Energie von Avalon und die Schwingungen aus dem Reich der Naturwesen. Atme tief ein und aus. Lass sie auf dich wirken. Beobachte, was du darüber erkennen, erfahren, vertiefen und auch lernen kannst.

Während du in diesem Energiefeld bist, können dir Morgana, sirianische Wesen und ebenso Naturwesen begegnen und mit dir kommunizieren. Sei dafür empfänglich. Abschließend danke und verabschiede dich von den Schwingungsqualitäten, die dich berührten, komm aus der Pyramide bzw. aus dem Dreieck heraus, erde und zentriere dich auf deine Art und Weise und lege das Blatt zur Seite, bis du es das nächste Mal nutzen möchtest.

Als Alternative zu dem aufgemalten blauen Dreieck kannst du auch drei Bergkristalle wählen, wenn dir das lieber ist. Sie sollten die Form von Handschmeichlern oder kleinen Kristallspitzen haben. Zuerst reinige sie, indem du sie in deinen Händen hältst, das Licht des weißen Strahls, gerne auch von Gabriel begleitet, durch sie fließen lässt, bis sie hell und leicht pulsieren und bereit für ihre neue Programmierung sind. Dann fülle einen Stein mit der Energie von Avalon, den zweiten mit Siriuslicht und den dritten mit Feenenergie. Wann immer du in der Pyramide, wie vorher beschrieben, sein möchtest, positioniere die Kristalle als Dreieck um dich herum. Dabei liegt der Siriuskristall immer vor dir und die beiden anderen hinter dir, unabhängig davon, auf welcher Seite dein Avalonstein und dein Feenkristall ruhen. Durch die Steinsetzung baut sich die Pyramidenform um dich auf, und der bereits erwähnte Energiefluss entsteht. Wenn du die Kristalle wieder einsammelst und zusammenlegst, lösen sich das pyramidale Konstrukt und das Dreieck auf. Dann kannst du die Meditation wie gewohnt abschließen.

Es könnte hilfreich sein, die Kristalle über ein kleines Klebeetikett mit den Buchstaben S (Sirius), A (Avalon) und F (Feenwelt) zu markieren. Auf die Gründe, weshalb das unterstützend sein könnte, brauche ich wohl nicht näher einzugehen. ☺

Die Entwicklung der Magie ist eng mit Sirius verbunden. Die Anziehungs- und Lösungsmagie, beispielsweise in Form der Knotenmagie, die in vielen Kulturen praktiziert wurde und wird, zum Teil unbewusst, ist eine sirianische „Erfindung". Auch die Seepriesterinnen haben damit gewirkt. Der Hintergedanke ist der, dass wir, um etwas anzuziehen, zu behalten und zu bewahren, was uns guttut, einen bleibenden Knoten, beispielsweise in ein Haarband oder eine Kette, machen. Wenn wir etwas loslassen möchten, verbinden wir es mit einem Knoten, der bewusst geöffnet wird und bleibt. Diese Rituale gibt es in den unterschiedlichsten Varianten. Wenn wir zum Beispiel unsere Wünsche in Form von Bändern an einen Ast oder einen Wunschbaum binden und hängen, bewegen wir uns auch im Bereich der Knotenmagie. ☺

Auf jeden Fall können wir von nun an nicht nur über den grünen Strahl nach Avalon reisen, sondern ebenso über das Kristalllicht von Sirius. Wähle selbst, ob du bei der Brücke bleiben möchtest, die das grüne Licht baut, oder lieber mit der sirianischen Energie wirkst.

Mögen dich die Allumfassenheit der Großen Mutter und das Licht von Avalon allezeit segnen!

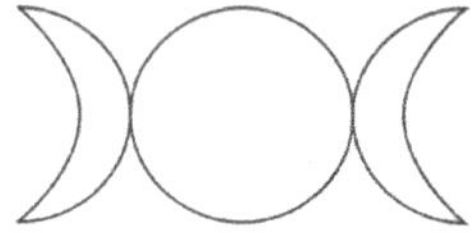

Kontakt zu Sirius

Meditation

Finde eine für dich bequeme Sitzhaltung. Spüre deinen Körper. Komme im Hier und Jetzt an. Entspanne dich auf deine Art und Weise und so, wie es dir im Moment möglich ist. Sei im Kontakt mit deinem Herzen. Berühre dein innerstes Wesen und lass es leuchten und strahlen. Verkörpere es – durch und durch. Sei eins mit ihm. Jetzt!

Nimm den blauen Halbmond auf deiner Stirn wahr. Spüre seine Verbindung zum Mond wie auch zu Sirius. Durch seine Aktivierung pulsieren beide dieser Schwingungsqualitäten über ihn, sodass sie dich segnen und durchwirken, genauso, wie er sie anzieht und über seine Mondschale aufnimmt. Sei die Mondpriesterin, die du bist, und sei die Botschafterin von Sirius, die du bist. Atme tief ein und aus.

Du bist Teil des Schwingungsfelds von Avalon. Alle Seepriesterinnen und Hohepriesterinnen sind mit dir. Die Liebe der Großen Mutter nährt und trägt dich. Morgana ist an deiner Seite. Sie erweitert den Energiefluss des blauweißen, kristallinen Siriuslichtes, das dich umfängt und über einen Lichtkanal, den es bildet, gemeinsam mit Morgana nach Avalon bringt. Sie schreitet mit dir den alten Prozessionsweg hoch auf den Hügel. Dabei vertieft sich der Austausch mit der Großen Mutter. Atme tief ein und aus. Du kommst beim Steinkreis an und wirst von der Hüterwesenheit gesegnet und begrüßt. Morgana führt dich durch das Dimensionstor, wieder spiralförmig-kreisend, in das Zentrum von Avalon, in die Mitte des Steinkreises. Spüre, wie dich die avalonische Energie durchströmt und du eins mit ihr wirst. Jetzt!

Morgana beginnt zu sprechen:

„Wir grüßen und segnen dich im Namen aller Priesterinnen und Hohepriesterinnen Avalons, geliebte Schwester, die du uns bist. Erlaube dir wahrzunehmen, wie sich das sirianische Licht hier, in der Mitte dieses heiligen Ortes, über dich ergießt und dich durchfließt. Atme tief ein und aus. Bleibe solange in diesem Spüren, bis dir die Siriusenergie wieder ganz vertraut geworden ist. Fühle, was sie in dir berührt und bewegt.

Während du in dem Siriuslicht badest, findet eine Schwingungserhöhung deiner Zellen statt. Alle deine Zellen werden mit Licht und Leichtigkeit aufgefüllt, sodass sie lebendig und kraftvoll pulsieren. Das hat Auswirkungen auf den blauen Halbmond auf deiner Stirn. Auch er wird darüber noch mehr aktiviert, was deine Sicht verändert. Sie erweitert sich und wird klarer, kristallklar.Jetzt!

Wann immer du möchtest, kannst du nach Avalon kommen und dich auf Sirius einstimmen. Bringe die Fragen mit, die du in deinem Herzen bewegst und die Förderung deines Wohlbefindens oder das von anderen Wesen betreffen. Übergib sie hier dem sirianischen Energiestrom. Erlaube, dass dir die Antworten und die Lösungen zufließen. Tue und erfahre dieses auch jetzt, solange du möchtest.

Wir bitten dich, diese Kommunikation und diesen Austausch mit Sirius in deinen Meditationen regelmäßig zu pflegen. Denn es bringt Klarheit, erweitert deine Wahrnehmung, und dein Drittes Auge wird sanft angeregt.

Nun füllen wir die Schale deines blauen Halbmonds noch mehr mit sirianischem Licht. Wenn sie ganz voll damit ist, strahlt sie es aus und gibt es an deine beiden Gehirnhälften weiter, die davon durchwirkt werden. Jetzt!

Von hier aus breitet sich die sirianische Energie bis zu deinem Stammhirn aus und fördert eine Vernetzung mit ihm. Es ist einer der ältesten Speicherplätze und Informationsträger deines Systems. Es trägt unendlich viel Wissen in sich, was deine Fähigkeiten, die du in früheren Leben erworben und erarbeitet hast, mit einschließt. Das kristalline, blauweiße Licht bringt aus dieser Fülle an Erfahrungen jene an die Oberfläche, die mit deiner avalonischen Kraft und Präsenz in Verbindung stehen. Das bedeutet, dass alles, was du in Avalon gelernt, angewandt und genutzt hast, um deinen Priesterinnenweg gehen zu können, an die Oberfläche gespült wird. Die Siriusenergie holt es über dein Stammhirn zurück und verteilt es über deine beiden Gehirnhälften, sodass du dich zu erinnern beginnst, einen Zugang dazu findest und es integrierst. Vielleicht zeigen sich dir dabei nun Bilder, Eingebungen und Impulse, was dieses Aktivieren und neue Einordnen unterstreicht.

Atme tief ein und aus. Verweile in dieser sirianischen Berührung, bis sie diese Arbeit vollendet hat und sich behutsam von deinem Stammhirn und deinen Gehirnhälften löst. Du kannst das, wann immer du möchtest, wiederholen.

Über den sirianischen Energiestrom verändern sich auch deine Wahrnehmung der Wesen aus der Anderswelt und dein Kontakt mit ihnen. Sie kommen nun zu dir und sind mit dir, sodass du diese innigere und intensivere Form der Kommunikation und des Austausches auf deine Art und Weise deutlich spüren und erleben kannst. Jetzt!

Wann immer du im Herzen Avalons bist und dich auf Sirius ausrichtest, wirst du zu einem Kanal für die sirianischen Qualitäten und Energien. Alles, was du dann als Priesterin, die du bist, berührst, wird von dem Siriuslicht durchwirkt. Wir bitten dich, dir dieses bewusst zu machen und von nun an zu beobachten, was sich dadurch für dich und dein Wirken mit anderen verändert.

Über den Kontakt zu Sirius werden deine Sinne wacher. Sie werden geschärft, was du ebenso durch ein regelmäßiges Einlassen auf den sirianischen Lichtfluss erleben kannst. Das Siriuslicht bringt Klarheit, Erweiterung, Erkenntnis und Ausdehnung. Du kommst mehr in dein inneres Gleichgewicht, worüber eine Gleich-Gültigkeit letztendlich allen und allem gegenüber erwächst, was – um die Priesterin, die du bist, verkörpern zu können – erforderlich ist. Denn es schenkt dir Gelassenheit und lässt dich allen und allem neutral begegnen. Deshalb vertraue dich der Energie von Sirius und seiner Führung und Unterstützung immer wieder an. Wir danken dir dafür. Bleibe im Austausch mit dem kristallinen, blauweißen Siriusfluss, solange du möchtest. Jetzt!

Abschließend empfange seinen Segen, bedanke dich bei ihm und verabschiede dich davon. Wir begleiten dich auf die gewohnte Weise aus der Mitte des Steinkreises, durch das Dimensionstor an der Hüterwesenheit vorbei, den Prozessionsweg hinunter zum Fuße des Tors. Über das blauweiße Kristalllicht von Sirius bringen wir dich zurück in deinen Raum und in deine Zeit. Spüre deinen Körper und nimm dich wahr. Atme tief ein und aus. Lass die sirianischen Begegnungen und Energien nachschwingen. Wir sind Morgana. Wir danken dir. Dein blauer Halbmond auf deiner Stirn ist ruhig. Wir segnen dich im Namen der Großen Mutter und ziehen uns, gemeinsam mit dem avalonischen Schwingungsfeld, für den Moment zurück. Sei gesegnet, geliebte Priesterin und Botschafterin von Sirius, die du uns bist. Sei gesegnet.“

Mögen dich die Verspieltheit der Großen Mutter und das Licht von Avalon allezeit segnen!

Marias Besuch

Maria von Nazareth kommt ursprünglich von Sirius, was ihre Sternenheimat ist. Sie war eine Essenerin und eine Isis-Priesterin. Sie besuchte Avalon und hatte regen Austausch mit den Seepriesterinnen wie viele andere weise und eingeweihte Frauen der damaligen Zeit. Diese Begegnungen waren für alle Beteiligten befruchtend und bereichernd. Man erkannte die Ähnlichkeiten und das Verbindende und ergänzte sich, sodass es immer eine große Freude war, auf diese Art und Weise miteinander zu sein.

Avalon steht für die alten matriarchalen Strömungen, wobei das sich damals ausbreitende Christentum für das Patriarchat steht, das sich noch weiter ausdehnte und die Führung übernahm. Doch während dieser Übergangszeit gab es eine tiefe Harmonie zwischen dem alten und dem neuen Weg, was als keltisches Christentum bezeichnet wird. Es war eine Symbiose dieser beiden unterschiedlichen Ansätze, die bis heute ihre Spuren hinterlassen hat, wobei Maria keine Vertreterin des neuen Glaubens und somit des Christentums war, sondern auch als Essenerin zum alten Pfad der Großen Mutter zählte. Sie war eine Matriarchin.

Durch ihre Freundschaft zu Avalon möchte sie Raum nehmen, um eine Botschaft mit dir zu teilen.

Wir bitten dich, bewusst zu atmen und Marias Gegenwart auf deine Art und Weise wahrzunehmen. Marias blaues Sternenlicht legt sich sanft um dich und dein Inneres Kind. Zuerst darfst du dich und dein Kind einfach nähren lassen. Dann beginnt Maria zu dir zu sprechen. Sie sagt:

„Wir sind Maria. Wir danken dir, geliebtes Kind, geliebte Schwester, das und die du uns bist, dass wir zu dir sprechen dürfen. Wir segnen dich im Namen des Mondes, mit dessen Rhythmen und Zyklen wir vertraut sind, mit denen wir wirken, denen wir folgen und mit denen wir leben.

Als wir auf unseren Reisen nach Avalon kamen, wurde unser Drittes Auge gesalbt und mit dem Zeichen des blauen Halbmondes geschmückt, was uns eine besondere Freude und Anerkennung war. So wurden wir in die Gemeinschaft der Seepriesterinnen aufgenommen, ohne diesen speziellen Weg gegangen zu sein. Auf diese Weise vernetzten sich verschiedene Lehren, unterschiedliche Pfade und Schulen der Großen Mutter. In Avalon erweiterten wir unser Wissen über die Wirkungsweisen von Pflanzen und Kräutern, und auch der Kontakt zu den Naturwesen wurde noch einmal vertieft.

Unsere Bitte an dich ist, kraftvoll zu sein. Unsere Botschaft an die Priesterinnen in dieser Zeit, und in diesem Kontext speziell an die Mondpriesterinnen, ist es, kraftvoll zu sein und sich auf die eigene Stärke zu besinnen. Wir bitten dich, dich zu erheben, deine Wirbelsäule aufzurichten und die Kraft zu spüren, die darüber in dir fließt, sich in dir ausdehnt und dir zur Verfügung steht. Sie durchwirkt die gesamte Priesterin, die du bist. Es braucht dein weibliches Selbstbewusstsein und deine Selbstbestimmtheit, wodurch sich Unfreiheiten, Missachtungen, Einschränkungen und Grenzüberschreitungen innerhalb des weiblichen Felds und in Bezug auf die rezeptive Energie auflösen – für dich persönlich wie auch für das Kollektiv.

Denn es geht um das Recht, über das eigene Leben selbst bestimmen zu dürfen, über die Art und Weise wie, wo und mit wem jemand leben möchte, über die Vorlieben und darüber, was jemand lernen und arbeiten möchte usw. Dafür braucht es Vorreiterinnen und Vorbilder. Wir bitten dich, dass du als Seepriesterin, die du bist, eine und eines bist. Deshalb laden wir dich ein, immer wieder bewusst deine Entscheidungen zu treffen. Überprüfe, ob du etwas nur aus Gewohnheit oder Angst aufrechthältst, oder ob es das ist, was du wirklich leben möchtest. Wenn du deine unterschiedlichen Lebensbereiche erforschst, erkenne, was davon für dich stimmig ist und was du loslassen und verändern solltest und darfst. Das bezieht deine Partnerschaften, Beziehungen, Freundschaften, deine Familie, deine Verbindung zu deinen Kindern, den Umgang mit deiner Kreativität und deiner sexuellen Kraft mit ein, genauso wie deinen Tagesablauf, deine Freizeitbeschäftigungen, die Arbeit, die du machst, oder das, was du lernst und studierst. Sei selbstbestimmt. Lebe so, wie du, und das, was du möchtest. Sei kraftvoll und dir deiner weiblichen Stärke bewusst.

Die Priesterinnen haben die Aufgabe, ein Netz zu bilden, um sich gegenseitig zu tragen und zu unterstützen und auch anderen Menschen unterschiedlichste Hilfen zur Verfügung zu stellen, damit diese ebenso ihrem Herzen folgen können, selbst wenn das für sie nicht so einfach möglich sein sollte.

Wir laden die Seepriesterinnen ein, alle Schwestern aus anderen Mysterienschulen willkommen zu heißen, wenn diese den Rhythmen der Großen Mutter folgen und ihren Weg auf ihre Art und Weise gehen und dieselben Visionen hegen und in sich tragen. Vernetzt euch, sodass dieses Feld der Schwesterlichkeit und des weiblichen Seins stärker wird, bis es letztendlich von jeder Frau, von jedem, der sich als Frau fühlt, von jedem, der seine weibliche Energie zum Ausdruck bringt und bringen möchte, und von jedem Kind wahrgenommen werden kann. Alle von ihnen dürfen sich als Teil dieses Schwingungsfelds der Shekaina erleben und darin aufgehoben sein. Das ist unsere Bitte an dich. Auch in diesem Kontext legen wir unseren blauen Mantel aus reiner Siriusenergie um dich, wann immer du möchtest, um dich zu unterstützen.

Wir sagen, dass es in dieser Zeit viele Veränderungen innerhalb der Geschlechterdefinitionen gibt und noch geben wird. Alle Menschen, die sich als androgyne Wesen sehen oder als drittes Geschlecht benannt werden möchten, stehen unter unserem behütenden Sternenmantel. Wir unterstützen sie dadurch auch dabei, ein kristallklares, ursprüngliches, sirianisches Licht auf die Erde zu bringen. Denn das tun sie über diesen Schritt. Ebenso hat hier in diesem Bereich jeder Mensch das Recht, seinem Herzen zu folgen und sein und lieben zu dürfen, was und wen er möchte.

Somit ist es für das angesprochene Feld der Schwesternschaft unabhängig vom Geschlecht bzw. von den Geschlechtsmerkmalen, wer ein Teil von ihm sein möchte, wenn er sich als Verkörperung der weiblichen Energie, als Göttin, wahrnimmt, und den Weg der Großen Mutter geht.

Wir möchten den Menschen, die sich als drittes Geschlecht sehen, Mut machen, nach außen zu gehen und sich zu zeigen, um andere an ihrer göttlichen Vollkommenheit und Schönheit teilhaben zu lassen. Auch darüber darf eine Vernetzung entstehen, die tragend ist. Diese Menschen bringen eine Horus- und eine Sohn-Tochter-Energie mit, wodurch eine weitere Facette des Christusbewusstseins auf die Erde kommt, die erneut von sirianischer Schwingung erfüllt ist.

Die Seepriesterin ist tolerant. Das zeichnet sie aus. Wir danken dir dafür. Wir ermutigen dich noch einmal, selbstbewusst zu sein – voller Vertrauen in dich selbst und in deine eigene Kraft.

Wir sind dir Mutter und Schwester zugleich. Wir sind Maria: Unser Mantel bleibt um dich und dein Inneres Kind, solange du dieses möchtest, um dein Priesterinnensein genießen und vertiefen zu können. Das Licht von Sirius segnet dich. Wir ziehen uns zurück. Wir lassen einen Lichtstrahl von unserem blauen Halbmond zu deinem blauen Halbmond fließen. Atme tief ein und aus. Wir segnen dich. Jetzt! Sei gesegnet."

Mögen dich die Hoffnung der Großen Mutter und das Licht von Avalon allezeit segnen!

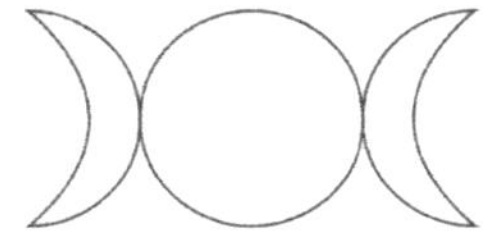

Die Mutterschlange vom Tor

Im Herzen von Avalon, innerhalb des Tors, der in Glastonbury ist, lebt die Mutterschlange. Sie ist die Energie, die Avalon lebendig sein lässt, sie ist sein Lebensstrom.

Jede Seepriesterin wird im Laufe der Ausbildung und während der Weihe mit der Mutterschlange so verbunden, dass sie an diesen avalonischen Lebensfluss angeschlossen ist. In weiterer Folge nutzt sie ihn für alle ihre priesterlichen Handlungen, bzw. sind diese von ihm erfüllt, wodurch sie kraftvoll und wirksam werden und sind. Die priesterliche Präsenz, die sich auf dem Weg der Großen Mutter mehr und mehr entwickelt, wird über den Austausch mit der Mutterschlange mit aufgebaut, von ihr gehalten und genährt.

Die Mutterschlange gehört zu den Drachengeschwistern, zu den alten HüterInnewesen der Erde. Sie ist eine Schöpfer- und Schöpferinnenkraft und somit eine Kundalini-Energie. Während der Ausbildung zur Mondpriesterin beginnen die Novizinnen das Prinzip der Schöpfer- und Schöpferinnenenergien zu verstehen und damit zu wirken, was im Laufe des priesterlichen Wegs weiter entwickelt wird. Jede Eingeweihte (und auch jeder Eingeweihte ☺) weiß darum, was im Übrigen die verschiedenen Mysterienschulen eint.

Die Pfade der Großen Mutter sind mit der Geschichte der Drachen eng verknüpft. Die Drachenwesen sind unsere älteren Schwestern und Brüder. Sie hüteten Gaia zu einer Zeit, in der sie noch im Werden war und nicht diese verdichtete Form zeigte, wie sie es auch heute noch tut. Damals wurde die Erde darauf vorbereitet, um in weiterer Folge vielen unterschiedlichen Lebewesen Heimat sein zu dürfen. Gaia stand in der Obhut der

Drachengeschwister, als Sternenwesen regelmäßig zu kürzeren und längeren Besuchen kamen, zum Teil auch hier blieben, um Sternensamen und Sternensaaten zu säen, aus denen sich neue Lebensformen entwickeln konnten. Letztendlich ist das auch der Urursprung der menschlichen Spezies.

Je stabiler und bevölkerter das Erdsystem wurde, umso mehr hatten die Drachen ihre Aufgaben erfüllt und begannen, sich zurückzuziehen. Einige verweilten bei unseren Urmüttern und Urvätern in Lemurien und Atlantis und arbeiteten mit ihnen zusammen. Nach dem Untergang von Atlantis verabschiedeten sich noch mehr von der Erde oder legten sich in ihrem Inneren schlafen. Andere lebten in der Anderswelt weiter und lösten sich endgültig von der Menschenwelt, als sich die Dimensionstore schlossen und die Nebel dauerhaft senkten. Mittlerweile sind uns der Austausch und die Kommunikation mit den Drachengeschwistern wieder sehr vertraut geworden, was auch die zahlreichen Veröffentlichungen in den letzten Jahren zu diesem Thema zeigen. Sie wurden wieder lebendig, genauso wie unsere Freundschaft mit ihnen, was Hand in Hand mit der Entfaltung der Energie der Großen Göttin auf der Erde geht.

Drachen sind Sternenwesen und somit unsere Sternengeschwister. Ihre kosmischen Ankerpunkte und Sternenheimaten sind zum Beispiel die Sternbilder Herkules, Zwilling und Drache. Sie verkörpern das Gleichgewicht der Kräfte, die Schöpfer- und Schöpferinnenenergien und das Prinzip der Großen Mutter. Die Drachen können den Elementen zugeordnet werden, wodurch es Luft-, Wasser-, Erd- und Feuerdrachen gibt, deren Qualitäten und Wesenszüge den Zuordnungen der Elemente entsprechen. Doch wir finden unter ihnen auch freie, davon ganz unabhängige Drachenwesen, die ihre individuellen oder speziellen Eigenschaften haben. Weiterhin können wir auch „persönlichen“

Drachen begegnen, die einem Menschen besonders nahe sind und ihn begleiten. Dazu gehören beispielsweise jene, die mit einem Drachenreiter verbunden sind.

Die Drachengeschwister tragen eine große Liebe, Weisheit und Kraft in sich, die sie mit uns teilen möchten. Unsere heutigen Schlangen gelten als ihre Nachkommen, sodass wir über ihre Energie auch mit den Drachen Kontakt aufnehmen könnten. In unserem Verständnis sind die Schlangen HeilerInnen und Transformatoren und Transformatorinnen. Sie stehen für Loslassen, Erneuerung, Neubeginn und ewiges Leben.

Auch den Begriff, das Bild oder das Wesen der Mutterschlange finden wir in unterschiedlichen Kulturen. Häufig beschreibt sie, so wie hier im avalonischen Kontext, einen Lebensstrom, der eine Gemeinschaft, einen Ort oder eine Region nährt und behütet. Sie ist ein größerer Strom, und somit Hauptenergiestrom, der mit vielen anderen, kleineren Energiebahnen vernetzt ist, die ebenso energetisierende, aufbauende und lebensfördernde Qualitäten besitzen. Daraus entsteht ein Netz aus Lebensenergie, Kundalini-Strömen und Drachenlinien, das sich um die ganze Erde spannt und sie lebendig sein lässt bzw. alles, was auf, in ihr und um sie herum existiert und lebt.

Wenn wir mit der Mutterschlange vom Tor wirken, können wir sie als großes Schlangenwesen wahrnehmen, genauso wie als kraftvolles, pulsierendes, energiereiches und vitales Schwingungsfeld. Denn wenn wir uns in unserer wahren Form erleben, sind wir auch nichts anderes als ein leuchtendes und vibrierendes Energiefeld. Der Körper, den wir sehen, wenn wir uns im Spiegel betrachten, ist nur eine gewählte Erscheinungsform dieser Schwingung. Er ist nicht das, was wir sind. Er ist nur eine Illusion ☺, auch wenn sie noch so schön und überzeugend zu sein scheint. Ebenso sind die Drachenwesen, die Mutterschlangen und die anderen feinstofflichen Begleiter und Begleiterinnen nichts anderes als Energiefelder, als Kundalini-Felder und Schöpfer- und Schöpferinnenfelder, die wir übersetzen.

Die Kundalini-Energie ist nichts anderes als die Kraft, die manifestiert, die in die Form bringt, die Leben ermöglicht, erzeugt, weiter fördert und neu entstehen lässt. Jeder Mensch hat eine aktivierte Kundalini-Energie, denn sonst könnte und würde er nicht am Leben sein. Unsere Schlangenkraft drückt sich beispielsweise über unsere Kreativität aus und das, was wir erschaffen, erzeugen, auf die Welt bringen und umsetzen. Somit können wir sagen, dass ein sehr produktiver und dynamischer Mensch eine aktivere und dadurch aktiviertere Kundalini-Kraft in sich trägt als ein Mensch, der weniger umsetzt, gestaltet und passiver ist.

Wenn wir also mit unserer Kundalini-Energie wirken, beleben wir ein kreatives Potenzial und bringen eine schöpferische Kraft in den Fluss, das und die sich ausdrücken möchte, um etwas Neues im Allgemeinen bzw. neues Leben im Besonderen zu schaffen. Mit ihm und ihr müssen wir lernen umzugehen, denn es ist eine Feuerenergie, an der man sich verbrennen kann. Das kennen viele Menschen nur allzu gut. Ein Künstler, eine Künstlerin, der und die ständig in einem Schaffungsprozess ist und zum Beispiel ein Bild nach dem anderen malt, kann sich dabei verausgaben, so schön die Werke auch sein mögen, und ausbrennen. Die Kundalini-Energie kann unser Nervensystem überhitzen, was zu entsprechenden Symptomen führt. Deshalb dürfen wir lernen, die Schlangenkraft zu lenken, indem wir uns Zeiten des Nichtstuns, der Entspannung und der Erholung schenken.

Ganz allgemein können wir beobachten, dass es auf dem Weg in die Neue Zeit zu einer vermehrten Aktivierung der

Kundalini-Energien kommt, mit der wir den Umgang üben dürfen. Deshalb gibt es im Moment so viele Menschen, ungeachtet ihres Alters und ihrer Tätigkeit, die sich ausgebrannt fühlen und bei denen ein Burn-out diagnostiziert wird. Ebenso hat die Zahl der Angststörungen und der entzündlichen Prozesse im Körper in den letzten Jahren stark zugenommen, was ein Hinweis auf das genannte überreizte und überhitzte Nervensystem ist.

In der Tradition des Yoga – es sei denn, es handelt sich um den Weg des Tantra – lehrt man, dass wir uns nicht bewusst mit der Kundalini-Energie beschäftigen müssen und sollen, denn sie aktiviert sich von selbst, ihrem eigenen Rhythmus folgend. Unsere Aufgabe ist es, die Vorbereitungen dafür zu treffen und unser System zu reinigen, damit es ihr möglich ist, sich in uns mühelos auszubreiten und wir mit der freiwerdenden Kraft umgehen können.

Zusammenfassend ist zu sagen, dass, je weiter wir unseren Weg gehen, unsere Drachen- und Schlangenkraft und Kundalini-Energie immer stärker zu fließen beginnt. Dabei sind und bleiben wir eingeladen zu üben, mit ihr umzugehen. Dies geschieht in der Form, dass wir den Impulsen, die sie in uns auslöst, nicht nachgehen und die schöpferische Lebensenergie, die sich darüber sonst nach außen verströmen würde, in uns bewahren und halten. Dadurch steht sie uns und unseren inneren Prozessen zur Verfügung, was uns kräftigt und zu einer Erweiterung der Selbstheilungs- und Selbstregulierungskräfte führt. Das ist ein großes Übungsfeld.

Auf jeden Fall waren sich die Priesterinnen ihrer eigenen Drachenenergie bewusst und kultivierten sie mehr und mehr, sowohl über ihre Handlungen als auch darüber, indem sie in sich ruhten, diese Kraft wahrnahmen und im positiven Sinne aushielten. Das bedeutet, ohne mit dieser Kraft etwas zu tun, zu planen, zu visualisieren, zu notieren oder Ähnliches mehr. Wann immer sie im Kontakt mit ihrer Kundalini-Energie waren, berührten sie die Mutterschlange vom Tor und darüber das Feld die Großen Mutter, selbst wenn sie dabei physisch nicht in Avalon anwesend waren, sondern sich irgendwo außerhalb davon befanden. Die Priesterinnenweihe war ein tiefes Vereinen mit der Mutterschlange vom Tor und ein Eintauchen in die eigene schöpferische Drachenkraft, um diese zu erkennen und zu begreifen. Die heutigen Seepriesterinnen folgen diesem Beispiel und Vorbild noch immer. Es ist ein Teil des priesterlichen Wegs.

Mögen dich das Verständnis der Großen Mutter und das Licht von Avalon allezeit segnen!

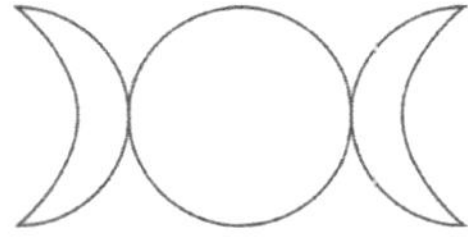

Die Mutterschlange spricht

Meditation

Mache es dir im Sitzen oder im Liegen bequem. Atme tief ein und aus. Komm mit deiner Aufmerksamkeit zu deinem Körper und nimm ihn bewusst wahr. Entspanne dich auf deine Art und Weise. Leg, wenn du möchtest, eine Hand auf dein Herz. Berühre dein innerstes Wesen. Lass es leuchten und strahlen. Verkörpere es und sei eins mit ihm. Jetzt!

Spüre den blauen Halbmond auf deiner Stirn. Erinnere dich daran, was er alles bedeutet und wofür er steht. Er aktiviert sich und pulsiert lebhaft. Das Schwingungsfeld von Avalon dehnt sich aus und berührt dich, genauso wie die Liebe der Großen Mutter. Morgana nimmt neben dir Raum. Sie lässt das kristalline, blauweiße Siriuslicht einfließen, das einen Lichtkanal formt, der direkt zum Tor in Glastonbury führt. Dieser trägt dich gemeinsam mit Morgana dorthin, sodass du mit ihr erneut den alten Prozessionsweg beschreiten kannst. Atme tief ein und aus und spüre dabei die allumfassende Gegenwart der Großen Mutter. Dann kommst du beim Steinkreis an, wirst von der Hüterwesenheit begrüßt und gesegnet und gehst durch das Dimensionstor spiralförmig-kreisend in das Zentrum von Avalon. Hier werde dir noch einmal der Priesterin bewusst, die du bist. Sei präsent und eins mit den avalonischen Energien, die dich durchströmen. Jetzt!

Morgana lädt dich ein, mit deiner Aufmerksamkeit zu deinen Füßen zu gehen und die Kraft zu fühlen, die im Inneren der Erde ist. Erlaube, dass sie sich ausdehnt und aufsteigt. Sie beginnt, dich zu durchdringen und fließt durch dich. Durch diese dynamische Energie findet eine Schwingungserhöhung deiner

Zellen statt, und sowohl dein Basis- als auch dein Kronenzentrum aktivieren sich. Ein unendlicher Strom des Lebens durchwirkt dich, und du wirst selbst immer mehr zu diesem Strom, Atemzug für Atemzug. Morgana bittet dich, wenn du möchtest, dich dabei als einen Lichtbaum und somit Lebensbaum und Weltenbaum wahrzunehmen.

Nun beginnt sich die Mutterschlange zu erheben. Sie kommt aus dem Erdinneren empor und richtet sich behutsam hinter dir auf. Obwohl sie keine Kobra ist, steht sie hinter dir, hinter deinem Rücken, parallel zu deiner Wirbelsäule. Achtsam legt sie ihren großen Kopf einige Zentimeter über deinen, ähnlich einem kleinen Dach, um dich zu behüten. In dieser Form begegnet sie dir im Moment. Atme tief ein und aus. Lass dich auf sie ein und spüre sie. Sie beginnt zu dir zu sprechen und sagt:

„Wir sind die Mutter. Wir lassen bewusst den Begriff Schlange weg. Wir sind die Mutter. Wir grüßen dich, geliebte Tochter, die du uns bist. Wir segnen dich, die Priesterin, die du bist, und deinen blauen Halbmond auf deiner Stirn. Jetzt!

Atme tief ein und aus und verweile weiter in diesem Strom der Lebensenergie und Lebenskraft, der dich möglicherweise auch der Weltenbaum sein lässt. Das ist es, sowohl die Verbundenheit mit als auch die Verkörperung von dieser Lebensenergie, was du als Priesterin immer bist. An diesen Energiefluss wirst du während deiner Weihe angeschlossen, und von diesem Zeitpunkt an wirkt er mit dir und strömt durch dich. Erinnere dich daran und mach ihn dir wieder vertraut. Jetzt!

Erkenne die wahre Bedeutung und Stimmigkeit der Aussage: unter Strom sein. Das ist es, was du im Moment bist und was du als Priesterin bist: ständig unter Strom, unter und dadurch im Lebensstrom. Atme tief ein und aus. Und knüpfe nun noch tiefer an deine Priesterinnenkraft an. Wisse, dass dieses Energiepotenzial deiner Seepriesterin, das durch deine Weihe zugänglich gemacht wird, ein neutrales Feld ist. Das bedeutet, dass diese ursprüngliche reine Schwingung, die dir ab diesem Moment zur Verfügung steht, in keiner Form wertet, urteilt oder einteilt, wofür sie genutzt wird. Sie steht für alles gleich-gültig zur Verfügung.

Nun berühren wir deinen blauen Halbmond, Wir nehmen ihn sozusagen von deiner Stirn und verschlucken ihn. Dabei verändern wir unsere Haltung und schlängeln uns um dich herum, bis wir auf dem heiligen Boden, auf dem du dich befindest, mit unserem Körper einen Kreis um dich bilden. Du stehst in unserer Mitte. Das tun wir übrigens, wann immer du möchtest, beispielsweise in Zeiten, in denen du sehr gefordert bist, du eine kraftvolle Zentrierung benötigst, du dich geschwächt fühlst und dich stärken möchtest.

Während wir jetzt kreisförmig vor dir ruhen und dabei unser Schwanzende im Maul halten, bewegt sich der blaue Halbmond durch uns. Er kreist über, in und durch uns und lädt sich dabei mit Schöpfer- und Schöpferinnenenergien auf. Wenn er nicht mehr in sich aufnehmen kann, weil er vollkommen satt ist, legen wir ihn in dein Drittes Auge zurück. Nimm wahr, dass er viel kraftvoller leuchtet. Von nun an ist er mit uns verbunden und so mit Schöpfer- und Schöpferinnenkraft erfüllt, dass er im Moment heiß erscheinen kann, woran du dich schnell gewöhnen wirst. Doch er arbeitet ab jetzt intensiver, was nicht nur deine Wahrnehmung und deine Sicht beeinflusst und beflügelt, sondern den gesamten Austausch mit Avalon und seinen Schwingungsfeldern und den Seepriesterinnen und Hohepriesterinnen.

Wenn du möchtest, dann gebären wir nun für dich einen avalonischen Drachen, der dich begleiten wird. Er gibt dir Kraft, gleicht deine lunaren und solaren Energieströme aus, aktiviert deine Kundalini-Energie und fördert deine Kreativität. Seit jeher wurde jede Mondpriesterin von einem unserer Drachenkinder unterstützt. Atme tief ein und aus und empfange deinen Drachen. Jetzt!

Nimm ihn wahr und mache ihn dir vertraut. Wenn du bereit dazu bist, verrät er dir seinen Namen, den wir dich bitten, zu hüten und nicht weiterzugeben, damit sich die Drachenkraft nicht zerstreut, sondern gebündelt an deiner Seite bleiben kann. Wann immer du im Kontakt mit Avalon bist, wird er mit Raum nehmen und mit dir und an deiner Seite sein. Wir segnen eure Verbindung und euch beide. Jetzt!

Erneut atme bewusst ein und aus. Nun öffnet sich noch einmal der Boden unter deinen Füßen, und du gleitest mit uns in das Innere des Hügels hinein. Du sinkst in unser Reich und kommst mit uns in der Höhle an, in der wir leben. Hier hüten wir die Schätze und magischen Gegenstände, die zu Avalon gehören und ein Teil seines Felds sind. Dazu zählt auch ein besonderer Kelch, weil er das Symbol der Urweiblichkeit darstellt. Ob du ihn Gral nennen möchtest oder nicht, spielt für uns keine Rolle und bleibt dir selbst überlassen. Für uns ist er einfach der Schoß der Shekaina, aus dem wir kommen und den wir hüten.

Wir laden dich ein, dass du dich als Priesterin, die du bist, hierher zurückziehst, wann immer du möchtest. Das kannst du einerseits tun, um dich zu nähren, und andererseits, damit sich deine priesterlichen Qualitäten und dein Priesterinnenbewusstsein weiter entfalten können. In diesem Zusammenhang bekommst du hier auch deine Unterweisungen von den Hohepries-

terinnen und ebenso von uns, in Bezug auf deine Aufgaben und deinen priesterlichen Weg. Es dient dir, um deine Visionen und Antworten zu finden. Atme tief ein und aus. Erlaube dir, hier zu sein und alles auf dich wirken zu lassen. Jetzt!

Wenn du in unserem Reich bist und wir uns ganz eng um dich legen dürfen, kannst du die Energie der Großen Mutter spüren. Sie überträgt sich über uns auf dich, sodass du dich dadurch als in ihren Armen liegend und von ihr bedingungslos geliebt wahrnehmen kannst. Jetzt!

Wir sind die Lebenskraft, die das Herz von Avalon schlagen und lebendig sein lässt. Wenn du so mit uns bist, beginnen sich unsere Energiefelder zu verbinden und zu vereinen. Von Begegnung zu Begegnung verweben sie sich mehr miteinander, und daraus entsteht mit der Zeit, dass du sein kannst, wo du bist, und dort Avalon ist. Denn unser Lebensstrom fließt über dich in diesen Platz ein und macht ihn zu Avalon. So lässt du, überall, wo du bist, Avalon entstehen und sein, was mit zu deinen priesterlichen Aufgaben gehört.

Wisse, dass wir das goldene Licht des Neuen Morgens hüten. Wir tun dieses über unser goldenes Ei, über das Welten-Ei, das Ur-Ei. Erinnere dich immer wieder daran und nimm es bewusst an dich, selbst wenn wir dir dieses in anderen Kontexten schon anvertraut und übergeben haben. Wenn du das Welten-Ei, in dem auch die Matrix des Kosmischen Menschen liegt, in deinen Händen hältst, wirst du zu einer Göttin. Dann bewege dich und schreite in deiner Vorstellung oder auch physisch, wann immer du möchtest, über die Erde. Du hinterlässt dabei eine goldene Spur, woraus sich der Neue Morgen aufbaut und entfaltet. So verbreitest du ihn. Das zelebriere von nun an bewusst zum Fest der Auferstehung und des Neubeginns, das du Ostara nennst.

Vollziehe die Geburt und die Ausdehnung des Goldenen Zeitalters jedes Jahr aufs Neue. Doch auch sonst, wann immer du zu anderen Zeiten im Jahreskreis diesen Impuls verspürst, gib ihm nach. So führst du die Menschheit in ihr Potenzial und damit in ihre Freiheit. Wir danken dir dafür und segnen dich.

Wir entlassen dich, gemeinsam mit deinem avalonischen Drachen, aus dem Inneren des Tors und bringen dich zu Morgana, die in der Mitte des Steinkreises auf dich wartet. Sie geht mit dir durch das Dimensionstor an der Hüterwesenheit vorbei, den Prozessionsweg über das Siriuslicht zurück in deinen Raum und in deine Zeit. Spüre dich und erlaube dir, im Hier und Jetzt zu sein. Nimm den Drachen an deiner Seite wahr, der dich weiter begleiten wird. Wir sind die Mutter. Wir ziehen uns mit Morgana, der kristallinen, blauweißen Energie von Sirius und dem Schwingungsfeld von Avalon zurück, obwohl wir immer mit dir verbunden und eins waren, sind und sein werden. Sei gesegnet."

Mögen dich die Kindlichkeit der Großen Mutter und das Licht von Avalon allezeit segnen!

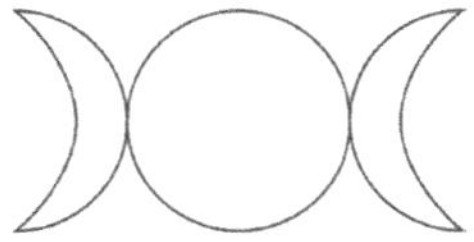

Die Priesterin reitet den Drachen

Meditation

Mache es dir im Sitzen bequem. Nimm deinen Körper wahr und komm darüber im Hier und Jetzt an. Du darfst dich entspannen, so, wie es dir im Moment möglich ist. Über dein Herz berühre dein innerstes Wesen. Es darf ausstrahlen und die Gesamtheit, die du bist, erfüllen, sodass du eins mit ihm bist. Jetzt!

Lass deinen blauen Halbmond auf deiner Stirn leuchten und pulsieren. Spüre seine Verbindung zum Mond und zu Sirius. Er darf lebendig sein und dich mit dem Schwingungsfeld von Avalon vernetzen. Du bist im Austausch mit allen Seepriesterinnen und Hohepriesterinnen. Die Große Mutter breitet ihre Arme aus, nimmt dich an und auf, und ihre Liebe durchströmt dich. Verkörpere die Priesterin, die du bist. Morgana ist an deiner Seite. Sie lädt dich ein, selbst zu wählen, ob das grüne oder das kristalline sirianische Licht einfließen, dich berühren und die Brücke nach Avalon bilden soll. Darüber gleitest du mit ihr zum Tor, wo du den alten Prozessionsweg hochsteigst. Mit jedem deiner Schritte tauchst du tiefer in die Urweiblichkeit ein. Beim Steinkreis angekommen, begrüßt und segnet dich die Hüterwesenheit. Zusammen mit Morgana durchschreitest du das Dimensionstor und bewegst dich spiralförmig-kreisend in die Mitte des Steinkreises, in das Herz von Avalon. Du kannst deine Einheit mit und die Führung durch die Mutterschlange wahrnehmen. Du bist angeschlossen an den unendlichen Lebensstrom von Avalon. Jetzt!

Morgana spricht:

„Wir grüßen und segnen dich, im Namen aller avalonischen Priesterinnen und Hohepriesterinnen, geliebte Schwester, ge-

liebte Mondpriesterin, die du uns bist. Wir bitten dich, mit deinem eigenen Drachen in Kontakt zu sein. Nimm ihn an deiner Seite wahr. Berühre ihn und spüre seine Kraft. Er ist nicht nur mit der Mutterschlange verbunden, sondern über sie mit dem Schwingungsfeld aller Lebensströme. Er ist eine Manifestation der reinen, pulsierenden Energie des Lebens und dadurch Teil des Kundalini-Felds, was dem Potenzial der Quelle entspricht.

Deshalb atme tief ein und aus. Setze dich auf deinen Drachen, wodurch du dich auf das Schöpfer- und Schöpferinnenfeld der Quelle einlässt, und beginne, auf ihm zu reiten. Bewege dich mit der Energie, die er ist, mit. Dadurch surfst du auf einer Welle dieser unendlichen Möglichkeiten von Vater-Mutter-Gott, die dir alle zur Verfügung stehen. Du brauchst dabei nichts zu tun, sondern es geht nur um das Wahrnehmen, Einlassen und Anschließen an dieses Feld der ungeahnten Vielfalt. Atme bewusst ein und aus. Schenke dir Zeit, dieses Kraftpotenzial zu erkennen und zu erfahren, während du dich auf und mit deinem Drachen bewegst.

Wisse, dass du darüber mit der Ursprungsschwingung verbunden bist, die alles durchdringt und lebendig sein lässt, in die Form bringt, in ihr hält und sie wieder verändert, wenn es dem göttlichen Impuls und damit Plan entspricht. Durch das Eintauchen in dieses Feld aktiviert sich deine eigene Kundalini-Energie. Sie erinnert sich dabei sozusagen daran, wer und was sie ist, und fängt an, sich zu regen. Dabei kannst du spüren, dass diese große schöpferische Kraft nicht nur um dich, sondern auch in dir ist. Sie beginnt, sanft über deine Wirbelsäule, über deinen Wirbelsäulenkanal aufzusteigen. Sie durchwirkt über deine Energiezentren deine feinstofflichen als auch deine grobstofflichen Ebenen, bis du selbst zu diesem Feld der unendlichen Möglichkeiten geworden bist – durch und durch. Jetzt!

Erkenne, dass du, wenn du Teil dieses Felds bist, jede Form annehmen kannst, die du möchtest. Deshalb ist es möglich, auch selbst zu einem Drachen zu werden und ein avalonischer Drache zu sein. Denn du bist eine Kundalini-Energie. Hinter und in deiner gewählten Form bist du nichts anderes als ein pulsierendes Schwingungsfeld reiner Schöpfer- und Schöpferinnenenergie. Atme tief ein und aus. Wir bitten dich, eben das zu erfahren, indem du dich ein Drache sein lässt, der Teil dieses unendlichen Kraftfelds ist und sich in diesem bewegt. Genieße deine Wahrnehmung und deine Zeit als Drache. Jetzt!

Du bist reine Kundalini-Energie. Nimm wahr, was du daraus alles schöpfen und dass du alles schöpfen kannst, was du möchtest. So viel bringst du in die Form, gestaltest und erschaffst du. Jede Kreation ist wie ein Kind von dir.

Dann lass auch die Drachengestalt wieder los. Sei das reine pulsierende Lebens- und Schöpfungsfeld. Sei das unendliche Potenzial der Quelle. Sei alle Möglichkeiten der Quelle. Dieses Bewusstseinsfeld ist lebendig, aktiv, dynamisch. Es ist eine Kraft, die sich bewegen möchte und ständig in Bewegung ist. Sie möchte erschaffen und tut dieses darüber auch. Atme tief ein und aus. Diese Energie lädt dich auf und energetisiert dich. Du kannst in ihr verweilen, sie einfach wahrnehmen und aushalten, und du kannst in, mit und aus ihr konkrete Impulse setzen, was du in die Form bringen möchtest. Es gibt zwischen dir und diesem Kundalini-Bewusstsein keine Trennung. Ihr seid eins. Darüber kannst du jede Form annehmen und sein, als auch schaffen. Erkenne und begreife.

Wenn deine Aufmerksamkeit abschweift, komme wieder zu diesem Schöpfer- und Schöpferinnenfeld zurück und werde zu einem Teil von ihm, werde zu ihm. Erneut, es ist alldurchdrin-

gend. Bleibe in dieser Wahrnehmung, solange du möchtest. Jetzt!

Dann finde erneut eine Form, die Drachenform deiner Kundalini-Kraft. Atme bewusst ein und aus. Weiter richte dich auf den Drachen aus, auf dem du reitest. Über ihn kommst du als Priesterin, die du bist, wieder im Steinkreis von Avalon an. Danke ihm und steige von ihm ab. Nimm wahr, dass er über die Vernetzung mit der Mutterschlange in der ständigen Kommunikation mit ihr ist. Er bleibt an deiner Seite und unterstützt dich, wann immer du dich im avalonischen Kontext bewegst.

Erlaube dir, die Erlebnisse nachschwingen zu lassen. Es gehört mit zu deiner Aufgabe als Seepriesterin, diese schöpferische Kraft auf deine Art und Weise zu erforschen, zu erkennen, zu verstehen und darüber zu nutzen.

Nun bringen wir dich wieder zurück. Gemeinsam mit deinem Drachen verlassen wir für den Moment den Steinkreis, gehen durch das Dimensionstor vorbei an der Hüterwesenheit, die dich segnet, über den Prozessionsweg und das grüne oder das kristalline sirianische Licht in deinen Raum und in deine Zeit. Jetzt!

Nimm wahr, wie kraftvoll du bist. Jetzt und allezeit. Wir danken dir. Wir sind Morgana. Wir ziehen uns mit dem avalonischen Schwingungsfeld und der Liebe der Großen Mutter zurück, obwohl wir dennoch immer mit dir sind. Wir segnen dich im Namen aller Seepriesterinnen und Hohepriesterinnen. Sei gesegnet, geliebte Drachenreiterin, geliebte Drachenschwester und Mondpriesterin, die du uns bist.“

Mögen dich das Lachen der Großen Mutter und das Licht von Avalon allezeit segnen!

Die Priesterin ist neutral

Da die Priesterin in Kontakt mit ihrem wahren Wesen ist und sich immer wieder darauf ausrichtet, was auch die Verkörperung des Kosmischen Menschen darstellt, bleibt sie in ihrer Mitte und dadurch im Gleichgewicht der Kräfte. So begegnet sie allen und allem neutral. Sie ist in der Gleich-Wertigkeit und in der Gleich-Gültigkeit. Das ist möglich, wenn sie unsere Persönlichkeit an der Hand hält und diese führt.

Sobald unser EGOn diese Rolle übernimmt und somit die Leitung unseres Systems innehat, beginnen wir mit dem, was uns berührt, in Resonanz zu gehen, indem wir es werten, einteilen oder kritisieren und dadurch unsere Neutralität verlieren. Wir fangen an, uns zu identifizieren.

Dieses Übungsfeld begleitet uns auf dem gesamten priesterlichen Weg. Wir haben es in früheren Kapiteln schon angesprochen. Doch da es so essentiell und die Grundlage des Priesterinnenseins ist, heben wir es hier noch einmal hervor.

Unser Hohes Selbst ist ein neutrales, unverletzbares, göttliches Bewusstseinsfeld, das die Priesterin, die wir sind, beschreibt und das über sie auf die Erde bis in unseren Alltag strahlt. Unser wahres Wesen ist allumfassend und definitionslos. Dennoch kann es einen Hauch einer Färbung in sich tragen, wenn es möglicherweise eine Lieblingsrolle kennt, die es mit Vorliebe einnimmt, um sich zu erfahren und zum Ausdruck zu bringen, wie beispielsweise Priesterin zu sein. Aus diesem Grund kann sich ein Mensch immer wieder von einem Priesterinnenweg angezogen fühlen bzw. den Impuls verspüren, eine Priesterin sein zu wollen. Wir können sie als Seele einer Priesterin oder Priesterinnenseele bezeichnen. Wenn wir diesem „Wunsch" unseres innersten Wesens folgen, kann sich unsere Seele über uns auf ihre ursprünglichste Weise in die Materie übertragen und übersetzen, was uns bereits in früheren Inkarnationen in die Erfahrungsebenen des Priesterinnen- und auch Priesterseins führte. Daraus entstehen zum Beispiel Aussagen, wie „einmal Priesterin, immer Priesterin". Wenn also dieser PriesterInnen-Impuls in unserem Hohen Selbst schwingt, können wir in unseren Leben nicht anders, als diesem zu entsprechen. Unsere Seele drängt uns über unsere innere Führung in diese Richtung.

Unabhängig davon gibt es natürlich noch andere Ausdrucksformen unserer Seele, die sehr deutlich nach Erfüllung streben, wie beispielsweise der Aspekt der Künstlerin und des Künstlers, was Künstlerinnen- bzw. Künstlerseele benannt wird. Das sind Menschen, die, wenn sie mit ihrem wahren Wesen schwingen, nicht umhin kommen, kreativ zu sein und dieses Anliegen, Künstlerisches zu erschaffen, tief aus ihrem Inneren heraus erstrahlt.

So können wir durch die Verkörperung der Priesterin, die wir sind, gleichzeitig auch voll und ganz unser wahres Wesen sein. Es ist erneut ein unendlich großes, gleichgültiges, unberührtes und neutrales Feld, das keinen Anfang und kein Ende hat und immer ist. Dieses zu erfahren, nicht zu wissen, sondern zu erleben und im Herzen zu spüren, ist das, was wir als priesterliche Kraft bezeichnen, bzw. was unsere Aufgabe ist (als Priesterin haben wir viele davon ☺), auf unserem Weg zu entwickeln – mehr und mehr.

Aufgabe hat übrigens mit aufgeben zu tun. Damit ist gemeint, dass wir EGOn seine Führung aufgeben lassen, sodass eine Hingabe an den Fluss des Lebens, an die göttliche Quelle und auch an unser Hohes Selbst möglich wird.

Deshalb ist es so wichtig, uns nach innen zu wenden. Wir können unser wahres Wesen nur in der Stille erleben. Wenn wir das erfahren haben, ist es möglich, dass es auch in jenen Momenten strahlt, wirkt und uns leitet, in denen es laut ist, wir sehr gefordert sind und in der äußeren Welt standhalten dürfen. Wenn wir uns auf unser Hohes Selbst einlassen, fühlen wir uns verbunden. Das nimmt uns jede Angst. Denn Angst entsteht dort, wo wir uns getrennt fühlen. Das Gefühl der Verbundenheit löst also unsere Ängste auf, weshalb erneut das Sein in unseren Gemeinschaften und der Austausch mit anderen Menschen so wichtig sind.

Wir bitten dich, dir folglich bewusst zu sein, dass die Verkörperung deiner Priesterin und deines wahren Wesens letztendlich eins ist. Das kannst du unter anderem daran erkennen, dass die Mondpriesterin, die du bist, wie ein stilles, ruhiges Wasser mit einer spiegelglatten Oberfläche ist. Wenn du nach innen spürst, kannst du überprüfen, ob du dich als dieses wahrnimmst. Falls ja, ist es ein Hinweis darauf, dass du sowohl im Kontakt mit deinem Hohen Selbst als auch mit deiner Priesterin bist.

Darauf achte bitte. Mache es dir zur Regel, dass du während des Tages immer wieder nach innen lauschst und deine „Wasserbefindlichkeit" erkundest. Allein das fördert deine vermehrte Ausrichtung auf dein wahres Wesen und dein Priesterinnensein. Dazu kannst du wieder, wenn du möchtest, deine Augen schließen und deine Hand auf dein Herz legen. Berühre dein innerstes Sein. Erlaube dir zu erkennen, wer du wirklich bist. Nimm wahr, dass du dabei gleichzeitig deine Priesterin verkörperst und mit ihr eins bist. Fühle dein Priesterinnensein. Atme tief ein und aus. Jetzt!

Dann löse deine Hand von deinem Herzen, öffne deine Augen und werde dir deines Körpers gewahr.

Mehr benötigt es nicht. Es braucht keine langen Meditationsanleitungen. Es ist ganz einfach. Wir „müssen" es nur tun. Darum bitten wir dich. Das ist einer der Schlüssel zur Veränderung unserer Welt, und es benötigt jeden Einzelnen von uns dabei. Wir danken dir.

Die Priesterin ist neutral!

Mögen dich die Einfachheit der Großen Mutter und das Licht von Avalon allezeit segnen!

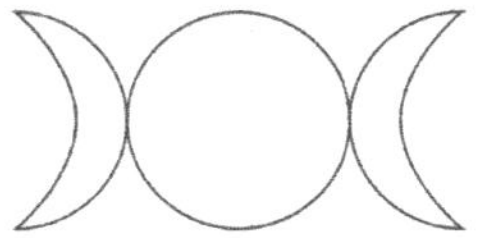

Die Fäden des Schicksals

Alles, was mit Fäden, Wolle, Garn, mit Sticken, Nähen, Weben und Stricken zu tun hat, oder auch mit Spinnen, gehört in den Bereich der Magie. Die Priesterinnen waren damit vertraut. Es gehörte zu ihrer Ausbildung, denn sie waren und sind Traumweberinnen, Weltenspinnerinnen und Visionärinnen. Der Faden ist ein Symbol für das Leben, jeder von uns folgt seinem Lebensfaden, dem roten Faden. Rot ist ein Zeichen für die Urmutter, für die Mondzeit, die Leben hervorbringt, für unsere Kundalini-Energie, und bedeutet einfach, dass wir lebendig sind.

Wann immer die Priesterin Garn gesponnen oder Wolle verarbeitet, wenn sie gewebt, genäht oder gestickt hat, war sie auf die Große Mutter ausgerichtet und ließ ihre Energien in das, was sie gestaltete, einfließen. Deshalb war beispielsweise jedes Kleidungsstück und Zubehör, das sie trug oder für andere gefertigt hatte, mit bestimmten Schwingungen und Informationen aufgeladen, die auf sie oder die Trägerin/den Träger wohltuend und unterstützend wirkten.

Wenn eine Vision oder eine Qualität auf die Erde kommen sollte, wurde es in die Stoffe eingearbeitet, teilweise auch über Symbole oder Muster. Wenn die Priesterin ein Thema oder eine Energie loslassen und verabschieden wollte, wurden Fäden oder Stoffe abgeschnitten, zerschnitten, oder es wurde etwas durchtrennt bzw. aufgetrennt.

Um diese Fähigkeit zu würdigen und sie dir wieder vertrauter zu machen, kannst du, wenn du möchtest, mit einem Knäuel Wolle oder Garn meditieren. Er steht auch für dein Leben, über das du, ihn in den Händen haltend, sinnieren und dem du nachspüren kannst. Vielleicht ist es dir ein Bedürfnis, vermehrt selbst zu gestalten, zu spinnen, zu nähen, zu stricken oder zu weben – je nachdem, was dir Freude bereitet und in welcher Form du mit Wolle, Stoffen und Garn wirken kannst und magst.

Falls du auf diese Art kreativ sein solltest, dann werde dir bewusst, dass du eine Traumweberin bist. Sei dir gewahr, welche Energien du dabei einweben, fördern, manifestieren und auf die Erde bringen möchtest.

Wenn du dich mit anderen Priesterinnen physisch oder energetisch vernetzt, um beispielsweise über die Morphogenentik an einem harmonischeren und friedlicheren Miteinander aller Menschen zu arbeiten, nimm wahr, dass du dabei Lichtfäden nutzt und spinnst. Daraus schaffst du ein strahlendes und starkes Gewebe für die Manifestation der Neuen Zeit.

Beobachte einmal die Kleidung, die du trägst. Was ziehst du gerne an, und warum? Welche Materialen bevorzugst du? Zu welchen Uhrzeiten, in welchen Situationen oder an welchen Tagen kleidest du dich wie? Welche Kleidung gibt dir Kraft und Selbstbewusstsein? Welche fördert Geborgenheit, Wohlfühlen und Sicherheit? Was schenkt sie dir noch? Was möchtest du, dass sie dir gibt? Müsstest du dafür etwas an ihr verändern, und wenn ja, was? Was ist die Magie deiner Kleidungsstücke?

Du kannst deine Kleidung, wenn du möchtest, auch selbst mit der Energie der Großen Mutter aufladen. Dazu geh in die Meditation. Reise wie gewohnt mit Morgana in das Herz von Avalon. Halte deine Kleidungsstücke in deinen Händen. Als Priesterin, die du bist, sei dir deiner Einheit mit der Großen Mutter gewahr. Lass ihre Liebe und alles, was du sonst an Schwingungen und Informationen in deine Kleidung mit hineingeben möchtest, in sie einfließen. Nimm wahr, dass diese all das aufnimmt und sich damit füllt, bis sie es ab- und auszustrahlen beginnt. So können die Stücke, die du trägst, nicht nur Wohlfühlbekleidungen sein, sondern heilungsfördernde Gewebe und Schichten – oder worauf immer du deine Aufmerksamkeit beim Energetisieren gelegt hast. Während du deine Garderobe berührst und auflädst, übermitteln dir möglicherweise auch Morgana oder Viviane Botschaften dazu oder ganz allgemein zu diesem Thema. Erlaube, dass dir deine Kleidung und alles, was du trägst, eine Kraftquelle sein darf. Abschließend segne deine Kleidungsstücke, danke und verabschiede dich von den avalonischen Schwingungsfeldern und komm mit Morgana den vertrauten Weg vom Tor wieder zurück in deinen Raum und in deine Zeit, um gut verwurzelt und zentriert zu sein.

Je mehr Bezug wir zu unserer Bekleidung haben, umso bewusster wird unser Umgang mit ihr. Wir erkennen leichter, was wir wirklich benötigen, und was nicht. Das wiederum wirkt auf das Große Ganze.

Wir bitten dich also, als Priesterin, die du bist, eine Weltenweberin und eine Visionärin zu sein. Die Große Mutter unterstützt dich dabei. Wir danken dir dafür.

Mögen dich das Mitgefühl der Großen Mutter und das Licht von Avalon allezeit segnen!

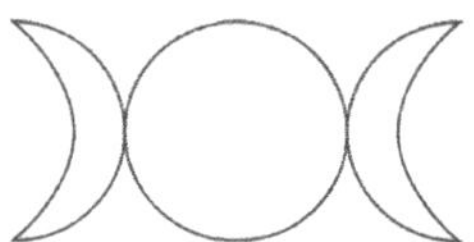

Avalon heute

Wir sind in einer Zeit des Brückenbauens. Das bedeutet, dass wir das alte Wissen und die damit verbundenen Erkenntnisse und Fähigkeiten mit dem heutigen Sein verbinden dürfen. Wir brauchen das Alte. Es ist unsere Basis, unser Fundament, unsere Erde und unser Erbe. Wenn wir es nicht mit einbeziehen, können wir nicht weiter wachsen. So verhält es sich auch mit dem Wissen aus Avalon. Wir benötigen es, um unser Verständnis über das Zusammenwirken mit den Kräften der Natur und den kosmischen Energien zu vertiefen, was unser Wohlfühlen im Hier und Jetzt fördert, sowohl auf der persönlichen als auch auf der kollektiven Ebene. Das heißt nicht, dass jeder Mensch einen Bezug zu Avalon zu haben und sich damit auseinanderzusetzen braucht, sondern nur jene, die sich damit verbunden und dort zu Hause fühlen. Denn andere Personen sind, bewusst oder unbewusst, die BewahrerInnen und HüterInnen von altem Wissen, wie auch immer es sein mag. Sie bauen ihre Brücken auf ihre Art und Weise, und so ergänzen sich die früheren Wege und dienen uns allen.

Aufgrund unserer aktuellen Entwicklungen, Erneuerungen, unserer Technisierung und unserer Fortschritte haben wir einen Bedarf an dieser alten Weisheit, um in Balance bleiben zu können. Wir benötigen Magie, die Magie des Lebens, und den Kontakt zur Natur, zu unserer inneren und innersten Natur, damit wir uns nicht verlieren und dadurch das zerstören, was uns guttut und was wir letztendlich selbst sind.

Wenn wir Avalon in dieser Zeit erfahren möchten, können wir uns mit den avalonischen Themen, die Teil dieses Weges waren, beschäftigen und sie aus der heutigen Sicht und mit dem aktuellen Verständnis davon betrachten. Es ist möglich, dass wir uns mit den alten Kraftorten, physisch oder energetisch, vernetzen und das Schwingungsfeld von Avalon lebendig halten und ausdehnen, sodass es die gesamte Erde liebevoll umspannt. Wenn wir Avalon in uns tragen und es ein Teil von uns ist, hinterlassen wir eine kleine, oder manchmal auch etwas größere, avalonische Spur, wo auch immer wir uns gerade befinden und aufhalten.

Das passt in unsere Jetztzeit, die eine sehr verbindende Qualität hat. Darüber lösen sich innere und äußere Begrenzungen auf, was uns in die Freiheit begleitet und entlässt. Gleichzeitig bewahren wir das Wesen, das Herz, die Mitte, das Zentrum und das Feuer von Avalon, indem wir die alten und immerwährend gültigen Aspekte neu pflegen und wach halten, indem wir beispielsweise nach den Mondrhythmen oder den Jahreskreisfesten leben.

Die priesterliche Kraft wächst, wenn wir die Theorie mit der Praxis, sprich dem Alltag, zum Kuscheln bringen, sodass hier die Früchte des spirituellen Wirkens sichtbar werden, indem wir zum Beispiel immer mehr ein liebevolles, nährendes, mütterliches und ebenso schwesterliches Feld erzeugen und um uns aufbauen, sodass sich jedes Wesen willkommen fühlen kann und wir zu einer Verkörperung von Frieden werden.

Deshalb tragen wir durch die Ausdehnung und die Auseinandersetzung mit Avalon unseren Teil zur Manifestation der Neuen Zeit und des Goldenen Zeitalters bei.

Wenn wir uns mit den alten Kulturen und Mysterienschulen beschäftigen, ist es vergleichbar mit der Arbeit an und dem Austausch mit unseren Ahnen- und Ahninnenreihen. Dabei dürfen wir annehmen und spüren, unabhängig von persönlichen

Geschichten, die unsere Vorfahren und -fahrinnen lebten und unseren möglichen Herausforderungen und Spannungsfeldern, die sich für uns daraus ergaben und ergeben, dass es eine Urkraft ist, die uns hervorgebracht hat. Wir können wahrnehmen, dass eine starke Energie unserer Ahnen und Ahninnen weiter in uns fließt und hinter uns steht, die uns immer begleiten, tragen und unterstützen wird, egal, was wir tun und wo wir uns befinden. Wenn wir uns mit jenen, die uns vorausgegangen sind und uns den Weg bereitet haben, nicht wohl und verbunden fühlen, können wir nicht die Gesamtheit unserer Kraft nutzen und unser vollständiges Potenzial zur Entfaltung bringen. Das ist nur im Kontakt mit der Erde, aus der wir kommen, möglich.

So verhält es sich ebenso mit Avalon. Es gehört zu unseren Wurzeln. Wenn wir die Verbindung dazu spüren, können wir zu dem Baum werden, der wir sind. Sonst bleiben wir möglicherweise nur ein Bäumchen. ☺

Aus diesem Grund ist das Schwingungsfeld von Avalon für die ehemaligen Seepriesterinnen und für die Menschen, die damit in Resonanz sind, auch für ihr Sein im Heute wichtig. Deshalb benötigt es dich, um die avalonische Energie lebendig zu halten, eine Brücke zu bauen und das alte Wissen mit der Neuen Zeit zu verbinden, sodass es darüber jeder und jedem Einzelnen zur Verfügung steht.

So kann das Goldene Zeitalter kommen. Gemeinsam mit dem Segen der Mutterschlange und der Liebe der Großen Mutter bauen wir es auf und heißen es willkommen. Wir danken dir dafür.

Mögen dich die göttliche Ordnung und Harmonie der Großen Mutter und das Licht von Avalon allezeit segnen!

Weihe

Alle Themen, die wir angesprochen haben, begleiteten die Adeptinnen und die Novizinnen und auch weiterhin die geweihten Priesterinnen. Sie waren und sind allgemeingültig, unabhängig davon, wo wir auf unserer Ausbildung und Entwicklung standen oder stehen. Einen Priesterinnenweg zu gehen, war eine Bestimmung, die uns zufiel oder zu der wir gerufen wurden, und so sollte es noch heute sein, einem Drängen unseres Herzens folgend und nicht aus einer mentalen EGOn-Entscheidung heraus. Denn nur auf diese Weise können wir uns ganz darauf einlassen und im Laufe der Jahre mehr und mehr verstehen, was er bzw. es bedeutet.

Unsere Zeit ist sehr schnelllebig. Das lässt uns manchmal ungeduldig werden und sein, auch bezugnehmend auf unseren spirituellen Pfad. Selbst in diesem Kontext möchten viele von uns am liebsten alles ganz schnell erkennen, lernen, wissen, erfahren und können, am besten in ein einziges Wochenendseminar verpackt. Unterstützt wird diese Annahme durch unsere heutigen medialen Spielereien, wo wir im Internet scheinbar alles abrufen, finden, anhören oder anschauen können. Das diesbezügliche Angebot ist überwältigend. Doch das ist nicht möglich, denn um eine Kraft zu entfalten, um in die Tiefe zu gehen und dort anzukommen, um etwas mit dem Herzen zu verstehen, braucht es Zeit. An einem, erneut beispielsweise, Wochenende können Impulse gesetzt, eine Entscheidung getroffen und Weichen gestellt werden, doch das weitere Wachsen und Werden, die Beschäftigung und Auseinandersetzung mit Energiequalitäten und Themen benötigt Zeit.

Deshalb dauerten die Priesterinnenausbildungen früher (und manchmal noch heute) mindestens sieben Jahre. Je nach Mysterienschule gab es auch welche, die bis zu 20 Jahre benötigten, bevor ein Weihefest stattfand. Die Anwärterinnen empfingen ihre Weihe dann, wenn sie als reif dafür erachtet wurden, vielleicht manchmal auch erst im nächsten Leben. ☺

Der Priesterinnenweg ist ganzheitlich zu verstehen, was bedeutet, dass es darum ging und geht, das, was man weiß und theoretisch gehört und gelernt hat, lebendig zu machen, weil es erfahren und verinnerlicht wurde.

Eine Weihe ist eine Initiation. Auch das Leben selbst schenkt uns immer wieder Erlebnisse, die uns initiieren, oder wir können bewusst ein Ritual oder Fest feiern, um eine Weihe zu gestalten. Dabei vollenden wir einen Kreis in unserer Entwicklung, wodurch sich ein neuer eröffnet, den wir ab der Weihe zu gehen beginnen. Somit steht am Anfang unseres Priesterinnenseins ebenso eine Einweihung. Die Phase davor ist die Vorbereitung und Einstimmung darauf, wo wir Schülerin, Adeptin, Novizin, Aspirantin oder Anwärterin sind.

Eine Weihe erhalten wir von jemandem, der den Weg, den wir gehen möchten, bereits beschritten hat, der uns vorausgegangen ist und dem wir folgen können. Dabei überträgt er einen Teil seiner Kraft auf uns, was mit der Übergabe einer Fackel vergleichbar ist, die wir ab diesem Zeitpunkt mittragen und möglicherweise an einem bestimmten Punkt in unserem Leben selbst an eine Schülerin weitergeben.

Durch eine Weihe öffnen sich für uns neue energetische Räume, die wir in weiterer Folge betreten und in die wir eintauchen können. Sie stellt immer eine *Erwei(he)*terung dar.

Manchmal werde ich gefragt, ob man den Priesterinnenweg auch alleine gehen kann. Ja. Denn jeder Mensch darf in seinem Herzen spüren, was für ihn stimmig ist, und frei entscheiden. Doch wir dürfen uns immer wieder daran erinnern, dass wir Gemeinschaftswesen sind. Das Einlassen auf Begegnungen fördert unsere Entwicklung. Und es dient uns auch als Spiegel, um zu erkennen, wo wir stehen.

In jeder Seminar- oder Ausbildungsrunde sind wir ein Abbild der gesamten Menschheit. Es ist ein Übungsfeld für jeden Einzelnen, um im Frieden sein zu können, sowohl mit sich selbst als auch mit jedem anderen. Das strahlt aus und ist ein kleiner Beitrag für den großen Frieden in der Welt. Deshalb glaube ich, dass wir den Austausch in Gruppen benötigen, nicht ständig und andauernd, doch immer wieder. Es ist eine Möglichkeit, um unsere Gedankenmuster zu verabschieden, um Erfahrungen aus früheren Leben loszulassen, unseren Platz einzunehmen und selbstbewusst zu sein. Wir üben dabei das Licht, das Potenzial und das göttliche Wesen, das er ist, in unserem Gegenüber zu erkennen, als auch sein Geschenk, das er für die Welt ist und auf die Erde bringt. So ist es unterstützend, uns in Gruppen zu bewegen, gemeinsam unsere Zeit, unsere Energien und Erfahrungen zu teilen und zu feiern – auch eine Weihe, so, wie sie zu den entsprechenden Umständen passt.

Teil einer jeden Einweihung ist der Rückzug in den Schoß der Shekaina, um in der Urweiblichkeit anzukommen, selbst wenn es nicht als solches ausgesprochen und gesehen wird. Denn im Feld von Muttergott legen wir unser bisheriges Leben ab, wir lösen uns in ihr auf, zumindest für einen kurzen Moment, um dann neu geboren zu werden. Denn eine Weihe ist eine Neu- und Wiedergeburt. Wir erheben uns dabei wie ein Phönix aus unserer Asche. Sie ist eine Bestätigung dafür, dass wir Lichtkinder und Lichtwesen sind und hier, in unserem Fall, Seepriesterinnen und Mondpriesterinnen.

Nach einer Weihe geht unser Weg weiter, bis es eine weitere gibt. Eines Tages werden wir dabei den Schoß der Shekaina nicht mehr verlassen, ganz in ihr aufgehen und in ihr bleiben. Wir werden nicht mehr inkarnieren und uns in keine Form bringen. Dann finden auch keine Initiationen mehr statt.

Eine Einweihung hat nichts mit unserem EGOn zu tun, obwohl er das gerne hätte und manchmal versucht mitzumischen, indem er davon erzählt und es stolz nach außen trägt und zeigt. Doch darum geht es nicht. Die inneren Veränderungen, die dabei geschehen, stehen im Mittelpunkt. Sie sind manchmal ganz still und leise. Sie lassen uns zu einem demütigeren und hingabefähigeren Menschen werden und erweitern unsere Liebesfähigkeit. Das bedeutet, dass uns jede Weihe dazu führt, unser Herz ein wenig mehr zu öffnen und noch mehr zu lieben. Aus dieser Liebe heraus entsteht Mitgefühl, das so heilsam ist.

Wenn du möchtest, schenke dir Zeit, um zu erforschen, welche Weihen und Initiationen du im Laufe deines bisherigen Lebens vielleicht schon bekommen hast. Was waren große Übergänge und Neuanfänge? Wo bist du wie ein Phönix verbrannt und aus der Asche wiedergeboren worden? Möglicherweise fallen dir dazu Situationen ein, die du bisher gar nicht als solches, als Weihen, wahrgenommen und gesehen hättest. Was auch immer du dabei entdeckst, nimm es in dein Herz und danke dafür. Erlaube, dass dabei ein Lächeln entstehen darf. Wir danken dir. Sei gesegnet.

Mögen dich die Erneuerungskraft und Regenerationsfähigkeit der Großen Mutter und das Licht von Avalon allezeit segnen!

Der letzte Tanz, der letzte Schritt…

Ja, wir haben uns an alles erinnert, was wir auf unserem Ausbildungsweg erfahren und gelernt haben, und sind endlich Priesterin. Und was nun? Nun dürfen wir all das wieder loslassen.

Der letzte Tanz ist nicht primär das Ende unserer Inkarnation, sondern er, und ebenso der letzte Schritt, bedeuten, dass wir alles, was wir uns erarbeitet, als was wir uns wahrgenommen, definiert und bezeichnet haben, und alles, zu dem wir geworden sind, verabschieden. (Unser EGOn wird schon ganz blass bei dieser Vorstellung.)

Dennoch bitten wir dich, immer wieder in die Stille zu gehen, beispielsweise am Abend oder in der Nacht, und den Mond zu bewundern, unabhängig davon, in welcher Phase er sich befindet. Erlaube dir, bewusst in dem Raum zu sein, in dem du bist, um im Hier und Jetzt anzukommen. Atme tief ein und aus. Dann beginne mit dem Loslassen: Lass deinen blauen Halbmond gehen, Morgana, das Schwingungsfeld von Avalon, den Tor und den Steinkreis, die Mutterschlange, alle Symbole und Zeichen, die du mit Avalon verbindest, dein Priesterinnensein – alles, was dir in den Sinn kommt und mit zu dem Weg gehörte und gehört, darf weiterziehen. Halte nichts fest. Lass alles los.

Auch das sind Definitionen und Identifikationen, von denen wir uns, selbst wenn sie uns lieb geworden sind, wieder lösen dürfen. Wir schälen uns. Bis wir nur noch *sind*, ohne etwas zu sein. In diesem *Sein ohne zu sein* verweile, solange es dir möglich und für dich stimmig ist. Wenn Gedanken kommen, lass auch diese los und weiterziehen und kehre mit deiner Aufmerksamkeit wieder zu dem *Sein ohne zu sein* zurück. Falls dein geliebter Körper etwas zwicken und zwacken sollte, atme tief ein und aus und lächle. Verabschiede dich von deiner Körperempfindung und komm zu dem *Sein ohne zu sein* zurück. Erlebe dabei auf deine Art und Weise Weite, Frieden und erneut Stille. In dir ist es leer. In diesem Bewusstsein und in diesem bewussten Sein bist du dir selbst/Selbst, deinem wahren Wesen, am allernächsten und ganz nahe. Wenn es für dich stimmig ist, beginne, dich wieder zu spüren, dir deines Körpers gewahr zu werden, dich über ihn zu erden, zu verwurzeln und zu zentrieren. Du darfst deinen blauen Halbmond wieder leuchten lassen, und du darfst erneut sein, was immer du möchtest. Allerdings bitten wir dich, dir bewusst zu bleiben, dass du das im Grunde deines Seins nicht bist und nicht brauchst und irgendwann erneut loslassen wirst.

Doch um loslassen zu können, braucht es vorher ein Entdecken dessen, was wir alles sein, womit wir uns definieren, worin wir uns sehen und wiederfinden könnten. Es braucht zuerst ein „Ich bin jenes“ und „Ich bin dieses“, wie beispielsweise auch ein: „Ich bin eine Seepriesterin“, Ich bin eine Priesterin Avalons“, „Ich bin eine Mondpriesterin“. Erst wenn wir es verstehen, integrieren, verkörpern, kommen wir zu dem Schritt, bei dem es darum geht, es letztendlich wieder gehen zu lassen.

Manchmal gefällt es uns so gut, was wir sein können, dass wir in dieser Form, in der Identifikation mit ihr, hängenbleiben. Wenn wir uns dabei ertappen, dürfen wir lächeln und uns mit Humor, Mitgefühl und Verständnis begegnen. Meistens fällt es uns leichter, bei den anderen Menschen zu sehen, woran sie noch festhalten. Das liegt ebenfalls an unserem hübschen EGOn, der mit seiner Aufmerksamkeit lieber im Außen als bei uns selbst ist. Doch unser Übungsfeld ist, bei uns und in uns zu sein und uns zu erkennen, zu verstehen und liebevoll und freundlich zu durchschauen. Es ist nicht wichtig, was andere sind und sein wollen, woran sie festhalten, und was sie loslassen. Es geht nur darum, dass wir immer wieder alles verabschieden, was wir glauben zu sein oder gerne wären, um uns im *Sein ohne zu sein* zu erkennen und zu erfahren.

Wenn wir tief mit unserer Priesterin verbunden und verwoben sind, wenn wir eins mit ihr sind und sie durch und durch verkörpern, dann ist das Loslassen von ihr unser letzter Tanz und unser letzter Schritt. Auch diesen tanzen und setzen wir immer wieder und wieder, bis wir uns, wenn die Zeit reif dafür ist, ganz in ihm auflösen und mit ihm verschmelzen. Das hat keinen Namen. Wir sind dann nichts mehr, außer frei. Das gehört mit zu unserem Weg.

Das üben wir. Deshalb laden wir dich erneut ein, dass du, wann immer du möchtest, in die Stille gehst, im Hier und Jetzt ankommst und beginnst, alles, was du bist, was du glaubst zu sein, wie du dich bezeichnest, was du gelernt hast, was du dir angeeignet hast, was du liebgewonnen hast ... loszulassen, um zu *Sein ohne zu sein*. Nada – nichts! Sei gesegnet.

Mögen dich der Mut der Großen Mutter und das Licht von Avalon allezeit segnen!

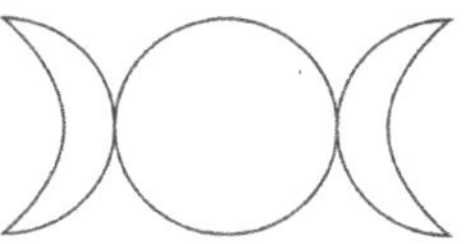

Wie du mit diesem Buch arbeiten kannst

Dieses Buch ist ein Arbeitsbuch. Es soll dich anregen, dich mit dir selbst zu beschäftigen, dich besser kennenzulernen und darüber deine ganz einzigartigen Qualitäten sichtbarer werden zu lassen. Eingebettet ist das in die Schwingungsqualitäten von Avalon.

Wie bereits anfangs erwähnt, brauchst du dich den Themen nicht in dieser vorgegebenen Reihenfolge zuzuwenden, sondern intuitiv so, wie es für dich stimmig ist. Lass dir auch für die einzelnen Fragen, die gestellt werden, Zeit, um sie zu beantworten. Nimm sie in dein Herz und beobachte mehrmals, was sich dazu für Antworten ergeben und finden. Wenn du alles durchgelesen und durchgearbeitet hast, wenn das ein oder andere vielleicht Einzug in dein Leben und in deinen Alltag gefunden hat, beginne wieder von Neuem. Kapitel für Kapitel, in der Abfolge, wie es sich nun für dich passend ergibt. Lies möglicherweise dein Avalon-Tagebuch durch. Fasse das, was du bisher dort notiert hast, zu einer Essenz zusammen. Diese kann der Beginn für das Schreiben eines neuen avalonischen Notizbuches sein. Vielleicht möchtest du einiges von dem, was du bis jetzt zusammengetragen hast, darin übernehmen und den Rest verbrennen. Oder du behältst dein altes Tagebuch und kannst auch hier weitere Eintragungen vornehmen.

Die Priesterin bleibt nicht an der Oberfläche stehen. Sie geht in die Tiefe. Immer. Um das tun zu können, benötigt es Wiederholungen. Deshalb möchte dich dieses Buch länger begleiten dürfen, selbst wenn es eine Zeit in einem Regal verstauben sollte. Es freut sich, wenn du es irgendwann wieder hervorholst und dich weiter damit beschäftigst. So entsteht eine Spiralbewegung, und diese bringt dich in ein erweitertes Verständnis von der Mutterschlange und den Kundalini-Bewegungen, wodurch du deine eigene Schöpfer- und Schöpferinnenkraft besser begreifen kannst.

Die Große Mutter und die Göttin tanzen spiralförmig durch das Leben und das Universum. Wenn du dich auch auf diese Art bewegst, folgst du ihrem Weg. Das Geschenk dabei ist, dass wir immer subtilere und feinere Ebenen von uns selbst kennenlernen dürfen. Das ist aufregend und (ent)spannend. Gleichzeitig werden wir durchlässig und transparent, und unser wahres Wesen kommt deutlicher zum Vorschein, um zu strahlen und noch mehr zu strahlen.

Vielleicht möchtest du das, was dich, wenn du dich auf dieses Buch einlässt, besonders beschäftigt oder berührt, mit anderen Priesterinnen teilen? Vielleicht ist es dir ein Bedürfnis, einen Seepriesterinnenkreis zu initiieren, wo ihr gemeinsam den Spuren Avalons folgt?

Auf jeden Fall wünschen sich diese Zeilen, dass du sie mit deinem Herzen aufnimmst, hier ankommen und weiter schwingen lässt, damit der Klang von Avalon nachhallt und sein Licht über dich in die Welt hinaus getragen wird. Sei die Priesterin, die du bist. Erlaube, dass dich diese Botschaften immer wieder daran erinnern und dich inspirieren dürfen. Wir danken dir.

Mögen dich der lebendige Atem der Großen Mutter und das Licht von Avalon allezeit segnen!

Abschließende Worte von Morgana und Viviane

Meditation

Finde eine für dich bequeme und angenehme Sitzposition. Komm mit deiner Aufmerksamkeit zu deinem Körper. Spüre ihn und nimm dich wahr. Entspanne dich so, wie es dir im Moment möglich ist. Leg erneut, wenn du möchtest, eine Hand auf dein Herz. Sei im Kontakt mit deinem innersten Wesen. Es darf leuchten und strahlen. Verkörpere es und sei eins mit ihm, durch und durch. Jetzt!

Spüre den blauen Halbmond auf deiner Stirn. Er pulsiert und ist lebendig. Das Schwingungsfeld von Avalon berührt dich. Du bist ein Teil davon. Die Liebe der Großen Mutter segnet und durchströmt dich und lädt dich ein, dich von ihr tragen zu lassen. Morgana ist neben und mit dir. Atme tief ein und aus. Wähle, ob das grüne Licht oder die kristalline, blauweiße Siriusenergie deinen Raum erfüllen soll, um dich zu durchdringen und einzuhüllen. Es bringt dich, gemeinsam mit Morgana, erneut zum Tor in Glastonbury, wo du mit ihr noch einmal den alten Prozessionsweg beschreitest. Mit jedem einzelnen Schritt kannst du die Liebe der Großen Mutter deutlicher spüren und kommst in einen tiefen Austausch mit ihr. Am Steinkreis erwartet dich die Hüterwesenheit, die dich begrüßt und segnet. Du gehst durch das Dimensionstor spiralförmig-kreisend in das Herz von Avalon, in die Mitte des Steinkreises. Verkörpere die Priesterin, die du bist. Nimm die avalonischen Energien wahr, die dich erfüllen, mit denen du verbunden und eins bist. Jetzt!

Morgana beginnt zu dir zu sprechen und sagt:

„Wir grüßen und segnen dich, geliebte Schwester, geliebte Priesterin, die du uns bist, im Namen aller Seepriesterinnen und Hohepriesterinnen Avalons.

Atme tief ein und aus. Erlaube dir, dir der Verbundenheit mit all deinen Schwestern noch einmal bewusst zu werden. Spüre dieses große Netz der Weiblichkeit, das daraus entsteht und ist. Wir bitten dich nun, alles, was dir wichtig ist, für dich als Priesterin, als Frau, als Mensch, für alle Priesterinnen und Frauen, für alle Menschen und für das Zusammenleben aller Wesen auf dieser Erde in dieses weibliche Schwingungsfeld einfließen zu lassen. Über dein tiefes Ein- und Ausatmen strömt das, was du dir für dich und für alle anderen wünschst, in dieses Netzwerk hinein. Lass dir dafür so viel Zeit, bis du spürst, dass du alles, was dir ein Anliegen ist, eingespeist hast und zu einem Teil dieses Felds wurde.

Nimm wahr, wie diese Informationen bei allen Priesterinnen ankommen, sodass sie sie nicht nur wie ein Geschenk an- und aufnehmen können und sich in ihren Leben widerspiegeln dürfen, sondern es ist wie eine Einladung. Sie beginnen nun ebenso, das, was ihnen wichtig ist, in das gemeinsame Weiblichkeitsfeld hineinzugeben und es damit aufzufüllen. Atme bewusst ein und aus. All diese aufbauenden, heilsamen, nährenden und inspirierenden Kräfte kommen auch bei dir an. Sie breiten sich wie eine Segensenergie in dir und um dich aus und strahlen in dein Leben und in deine Lebensbereiche ein. Spüre, was sich dadurch für dich und dein Umfeld verändert. Erlaube dir, diese Wandlung an- und aufzunehmen. Jetzt!

Durch das Wirken mit dem avalonischen Netz lädt es sich weiter auf. Es wird energetisiert und noch aktiver. Nun dehnt es sich aus und öffnet sich, sodass es all diese unterstützenden und lebensfördernden Qualitäten, die du und die anderen Seepriesterinnen eingespeist haben, an alle Menschen und an jedes Lebewesen verströmt und sie daran teilhaben lässt. Jedes Wesen kann sich davon nehmen, was ihm guttut und was es möchte. Jetzt!

Atme tief ein und aus. Erkenne, wie sich diese liebevollen, mütterlichen und umsorgenden Energien überall auf der Erde zur Verfügung stellen, und was sie darüber bewegen und bewirken.

Abschließend nimm das weibliche Feld wieder als das avalonische wahr, das alle Mondpriesterinnen und Hohepriesterinnen vernetzt und vereint. Wir bitten dich, dass du auf diese Art und Weise immer wieder mit dem Schwingungsfeld und diesem Netzwerk arbeitest. Es stärkt den Zusammenhalt zwischen den Priesterinnen, fördert die priesterliche Kraft und dient allen Lebewesen auf der Erde, einschließlich Gaia selbst. Wir danken dir dafür.

Werde dir gewahr, dass alle avalonischen Türen für dich geöffnet sind, sodass du jederzeit nach Hause, nach Avalon, zurückkehren kannst, wann immer du möchtest. Du hast hier immer einen Platz und bist jederzeit willkommen.

Wir treten einen Schritt zur Seite, damit Viviane Raum nehmen kann, um jetzt weiterzusprechen. Spüre ihre Präsenz und ihre Anwesenheit. Sie berührt deinen blauen Halbmond auf deiner Stirn und sagt, dass der avalonische Weg hier nicht zu Ende ist, sondern dass er jetzt erst beginnt.

Viviane erinnert dich daran, dass du Priesterin, Hebamme, Seherin, Heilerin und Lehrerin bist. Als Hebamme bringst du Neues auf die Erde, auch in Form von Impulsen und Energien, die das Hineingleiten in das Goldene Zeitalter fördern. Du unterstützt die Geburt von neuen Projekten und hilfst anderen Menschen, ihre Träume und Visionen zu leben.

Als Seherin erkennst du, was wirklich ist und wie viel und vielfältiges Leben und Lebendigkeit um dich sind. Du nimmst den unendlichen Strom des Lebens wahr.

Als Heilerin erinnerst du die Menschen daran, dass sie niemals allein oder getrennt sein können, dass sie immer mit der Quelle verbunden und Teil von Kreisen und Gemeinschaften sind, die sie tragen und von denen sie getragen werden. So aktivierst du ihre Selbstheilungskräfte und nimmst ihnen ihre Ängste.

Als Lehrerin berichtest du über Avalon und unterstützt andere, ihren Zugang dazu wiederzufinden.

Erlaube dir, dich als Priesterin, die du bist, zu spüren. Nun atme einen Aspekt nach dem anderen in und über dein Herz in dich hinein:

- *Zuerst die Hebamme,*
- *dann die Seherin,*
- *als Nächstes die Heilerin,*
- *abschließend die Lehrerin.*

Vereine diese Qualitäten jetzt in dir. Spüre, dass sie mit deinem blauen Halbmond verbunden sind, wodurch sich dieser noch mehr auflädt. Er wird etwas größer und vor allen Dingen strahlender und energiereicher. Möge dein weiterer Weg freudvoll sein. Das Licht von Avalon leuchtet dir.

Viviane dankt dir und betont noch einmal, dass das erst der Anfang ist. Doch jetzt darfst du ruhen, um alles zu integrieren. Dann geh weiter. Dann geh tiefer. Wann immer du möchtest, ist sie als deine Groß-Mutter und dadurch als deine Urmutter für dich da. Sie segnet dich und stellt sich hinter Morgana.

Wir positionieren uns an deiner linken Seite hinter dir, um deine weibliche Ahnen- und Ahninnenreihe zu nähren. Wir bitten dich wahrzunehmen, dass Avalon zu deiner weiblichen Linie gehört. Es ist Teil deines Erbes. Atme tief ein und aus. Erkenne und begreife.

Wir blieben hinter dir. Unsere Kraft, unsere Weisheit und die Energie von Avalon stärken deinen Rücken. Bleib im Herzen Avalons, solange du möchtest, jetzt und immer. Pflege die Zwiesprache. Empfange, was für dich wichtig ist, und teile mit deinen Schwestern, was dir ein Anliegen ist und was du auf deinem Herzen trägst.

Dann verabschiede dich für den Moment davon. Geh den Weg zurück aus der Mitte des Steinkreises spiralförmig-kreisend, durchschreite das Dimensionstor an der Hüterwesenheit vorbei, die dich segnet, den alten Prozessionsweg hinunter bis zum Fuße des Tors. Komm über das grüne Licht oder die kristalline, blauweiße Siriusschwingung zurück in deinen Raum. Jetzt!

Spüre deinen Körper. Morgana steht immer noch hinter dir, gefolgt von Viviane, und bleibt hier auch. Das avalonische Schwingungsfeld kann sich nicht zurückziehen. Es ist einfach da. Immer! Fühle die Verbundenheit mit all den anderen Seepriesterinnen und Hohepriesterinnen. Jetzt!

Die Liebe der Großen Mutter fließt zu dir, ohne Anfang und ohne Ende, ewig. Dein blauer Halbmond leuchtet. Wir danken dir für den gemeinsamen Weg und diese Reise. Mögen er und sie weiterhin freudvoll und leicht sein. Sei gesegnet.

Mögen dich die Unendlichkeit der Großen Mutter und das Licht von Avalon allezeit segnen!

Danke

Ich danke dem Herzen Avalons, der Großen Mutter, der Mutterschlange und den Hohepriesterinnen vom See, besonders Viviane.

Ich danke allen Seepriesterinnen, die es gab, gibt und noch geben wird, vor allem Morgana.

Ich danke den sirianischen Sternengeschwistern und allen anderen Sternenwesen, die mit uns in Kontakt sind und die zu unseren Sternenheimaten und Sternenwesenfamilien gehören.

Ich danke der Erde, den Elementen und ihren Wesen und allen grob- und feinstofflichen Kindern Gaias.

Ich danke meiner Familie und meinen Sprösslingen – meine Liebe für sie hat keine Worte.

Ich danke meiner Schwester, Seepriesterin und Mondpriesterin, Mara Ordemann, für ihre unendliche Hingabe an ihre Berufung, Bücher auf die Welt zu bringen, damit diese freundlicher, liebevoller, wacher, bewusster, friedvoller und heller wird und sich die Energie des Neuen Morgens ausdehnt. Ich danke für ihr Engagement, ihre Geduld, ihr Vertrauen, ihre Erfahrung, ihre Weisheit und ihre Freundschaft.

Ich danke den Smaragd-Engeln, die im Hintergrund mitwirken, damit dieses Buch Flügel bekommt und den Weg zu den Herzen der Menschen finden kann.

Ich danke allen Menschen, die in meinem Herzen sind und denen ich im Laufe meines Lebens, in privaten oder beruflichen Kontexten, begegnen durfte.

Ich danke für das Geschenk des Lebens und dafür, leben und lebendig sein zu dürfen.

Mögen euch und uns alle die bedingungslose An- und Aufnahmefähigkeit der Großen Mutter und das Licht von Avalon allezeit segnen!

Kontaktadressen

Ava Minatti
info@ava-minatti.at
www.avaminatti.com

Smaragd Verlag
Eine Marke der Sentovision GmbH
Venedigstr. 35
4142 Basel-Münchenstein
Tel.: +41 (0)61-5112191
info@smaragd-verlag.ch
www.smaragd-verlag.de

Synergia Auslieferung GmbH
Industriestr. 20
64380 Roßdorf
Telefon: +49 (0) 61 54- 60 39 5 – 0
Telefax: +49 (0) 61 54- 60 39 5 – 10
E-Mail: info@synergia-auslieferung.de
www.synergia-auslieferung.de

Mögen dich die Glückseligkeit der Großen Mutter und das Licht von Avalon allezeit segnen!

Über die Autorin

Seit ihrer Kindheit ist Ava Minatti eng mit den feinstofflichen Welten verbunden. Sie ist über 25 Jahre als Channelmedium, Seminarleiterin und Autorin tätig. Ihr Weg führte über zahlreiche Schulungen und Fortbildungen im Bereich der Licht-, Heil- und Energiearbeit, im In- und Ausland. In ihren Ausbildungen, Kursen und Einzelbegleitungen unterstützt sie Menschen, in den Kontakt mit sich selbst und ihrem Innersten zu kommen, um ihre Schönheit und ihr Potential zu erkennen. Sie ermutigt sie, beides zu leben und glücklich zu sein. Sie schult sie, das Vertrauen in die eigene Intuition und Medialität zu finden und zu vertiefen.

2001 erschien ihr erstes Buch, "Die Kinder der Neuen Zeit". Seither folgten viele weitere Veröffentlichungen zu den verschiedensten Themen.

Ava Minatti begegnet den Menschen mit sehr viel Liebe und Humor. Sie sagt, dass unser größter Lehrmeister, unser alltägliches Leben, mit all seinen Begegnungen, Freuden und Herausforderungen, ist. Hier finden die eigentlichen Einweihungen statt. Spiritualität und somit die Kommunikation mit der geistigen Welt ist nichts Abgehobenes, sondern führt uns in unsere Präsenz, in unser Sein im Hier und Jetzt.

Ava Minatti lebt in der Nähe von Innsbruck und ist Mutter von zwei, mittlerweile erwachsenen, Kindern.

Buchempfehlungen

Ava Minatti
AVALON
und der Artusweg
Altes Wissen für die Neue Zeit
336 Seiten, Taschenbuch, broschiert
ISBN 9783938489932

Hörst du den Ruf? Siehst du, dass sich die Nebel zu lichten begonnen haben? Und es Zeit geworden ist, nach Hause zurückzukehren? Zurück nach Avalon? Avalon ist ein Symbol für die Fünfte Dimension. Der Artusweg bezeichnet den Weg dorthin. Beides ist untrennbar miteinander verwoben. Die Legenden um den Heiligen Gral, die Tafelrunde, König Artus, die magische Apfelinsel, Morgana und Merlin haben auch heute nichts an Aktualität und Gültigkeit verloren. Hier haben sie sich alle versammelt, um dir zu begegnen, dich zu berühren und deine Heilung zu unterstützen. Sie übermitteln dir das alte Wissen, damit du es im Hier und Jetzt integrieren und leben kannst. Die Botschaften aus Avalon dienen dir, deine Ganzheit zu fördern und in die Aussöhnung zwischen dem alten Weg der Großen Göttin und dem neuen der männlich-christlichen Tradition zu gehen...

Ava Minatti

Meister Milarion entschlüsselt den Diskos von Phaistos

Neue Wege der Heilung

312 Seiten, Taschenbuch, broschiert

ISBN 9783951363465

Meister Hilarion lädt dich ein, seinen ätherischen Tempel der Heilung über Kreta zu betreten, um dich vom grünen Strahl durchströmen zu lassen. Er erzählt dir von der Geschichte und den Kraftorten der Insel und ruft dich auf, dein Heiler- und Heilerinnensein anzunehmen. Hilarion spricht über die Medizin der Neuen Zeit, die Bedeutung der Zentralsonne in der Heilarbeit, über das Basiszentrum und die Kundalinienergie von Europa sowie über Erdheilung. Gleichzeitig aktiviert der grüne Strahl dabei deine Selbstheilungskräfte und weitet deinen Heilkanal. Sternengeschwister und Zentauren warten darauf, dir in Meditationen und durch ihre Botschaften begegnen zu dürfen. Das Herzstück bildet allerdings die Entschlüsselung der Symbolsequenzen des Diskos von Phaistos, eines geheimnisvollen Fundes aus der Bronzezeit, der uns bis heute Rätsel aufgegeben hat und gibt. Hilarion zeigt uns, wie wir seine Symbole zur Unterstützung der Heilung unserer Körper anwenden können.

Johanna Arnold
Ludwig II.
Aufstieg ins Licht
312 S., gebunden
ISBN: 9783000359217

Was in den letzten Lebenstagen König Ludwigs II. vor sich ging, zählt gewiss zu den aufwühlendsten Ereignissen der bayerischen Geschichte.
Das Drama endete mit dem Tod des Herrschers und seines Psychiaters Dr. Bernhard von Gudden, wobei die Hintergründe nie befriedigend aufgeklärt wurden. Die Auswertung aller verfügbaren Akten und Berichte hat bislang kein klares Ergebnis gebracht. Wie die Ereignisse sich wirklich abgespielt haben, das berichtete Ludwig II. selbst während einer medialen Sitzung in der Venusgrotte von Schloss Linderhof, die Ende der 90-er Jahre des letzten Jahrhunderts in Anwesenheit des damaligen Schlossverwalters Julius Desing durchgeführt wurde. Diese aufklärenden Durchgaben sind im Buch - LUDWIG II. AUFSTIEG INS LICHT - wortgetreu wiedergegeben.
Eingebunden in eine spannende und romantische Erzählung, in welcher ein weiter Bogen gespannt wird der irdisches und jenseitiges Sein umfasst, wird der Leser mit wichtigen Erkenntnissen vertraut gemacht, die sein eigenes Leben bereichern werden.

Harald Jordan
Ludwig II.
Aufstieg ins Licht
165 Seiten, mit zahlreichen Abb., Paperback
ISBN: 9783906873374

Harald Jordan, Diplom-Ingenieur und erfolgreicher Sachbuchautor, erweitert mit diesem Buch seine Reihe zum Thema ganzheitliches Bauen und Gestalten. Er verdeutlicht, wie der Aspekt der Weiblichkeit im Leben, in der Gestaltung und im Bauen fehlt und zeigt auf, wie wir alle – Frauen wie Männer – uns diesem wieder öffnen können.

Ohne die weibliche Kraft über die männliche zu stellen wird veranschaulicht, wie beide Kräfte zueinander gehören und sich ergänzen können. In einer technischen Welt beseelte Bauten zu schaffen und zu beleben, ist das Ziel des ganzheitlichen Bauens und Wohnens.

Gut verständlich – tiefgründig erklärt:
- Die weibliche Kraft in der Menschheitsgeschichte
- Die einseitige Betonung der männlichen Kraft
- Die Bedeutung einer Synthese für unseren Seelenweg